HISTOIRE

DE LA

SOUVERAINETÉ DU PEUPLE

EN FRANCE

et des crimes

COMMIS EN SON NOM

PAR ANDRÉ VIGROUX (DE L'AVEYRON),

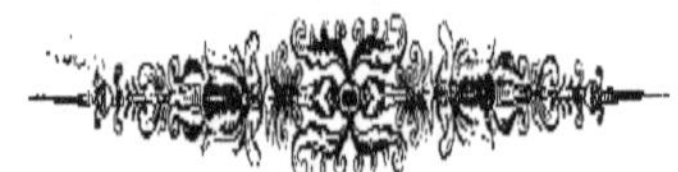

HISTOIRE

DE

LA SOUVERAINETÉ DU PEUPLE

EN FRANCE.

Impr. BAILLY, DIVRY et Cⁱᵉ,
place Sorbonne, 2.

HISTOIRE

DE LA

SOUVERAINETÉ DU PEUPLE

EN FRANCE

ET DES CRIMES COMMIS EN SON NOM,

PAR

M. ANDRÉ VIGROUX

(DE L'AVEYRON);

Précédée d'une Lettre de M. ALFRED NETTEMENT.

———❦———

PARIS.

GIRAUD, LIBRAIRE-ÉDITEUR,

18, RUE GUÉNÉGAUD.

| DENTU ET Cᵉ, LIBRAIRES, | JEANNE, ÉDITEUR, |
| PALAIS NATIONAL. | PASSAGE CHOISEUL. |

1850

HISTOIRE

DE

LA SOUVERAINETÉ DU PEUPLE

EN FRANCE.

I.

INTRODUCTION.

L'origine de la souveraineté du peuple, dont j'entreprends d'écrire l'histoire, ne se perd pas dans la nuit des temps ; sa première apparition parmi nous ne remonte pas au delà du *Contrat social*. Écartons d'abord les Grecs. les Romains et les Carthaginois. Qu'a de commun, en effet, leur souveraineté populaire avec la nôtre ? J'écris l'histoire de la souveraineté d'un peuple libre, et non pas celle

d'un peuple esclave, courbé sous l'autorité despo-
tique d'un sénat, et qui ne pouvait se soutenir
qu'en mettant hors de la loi naturelle les quatre
cinquièmes de l'humanité.

J'écris l'histoire de notre souveraineté populaire, telle que l'opinion publique la comprend,
telle que je la comprends : de cette souveraineté à
laquelle tout un peuple participe ; qui a pour co-
rollaire le suffrage universel, non pas restreint à
de certaines catégories car, grâce à l'Évangile, le
peuple ne se compose plus seulement d'une fraction
de la société, mais s'étendant également à tous
ceux qui ne se sont pas rendus indignes d'y prendre part ; de cette souveraineté qui constitue le
peuple arbitre exclusif des institutions qui lui con-
viennent, appréciateur et juge suprême des modi-
fications dont elles sont susceptibles ; de cette
souveraineté enfin qui s'exerce par la représentation nationale et qui oblige les représentants à
respecter le mandat que le peuple leur donne ; car
le peuple cesse d'être souverain, si ses intentions
sont méconnues, si ce mandat est violé, si ses représentants peuvent agir sans le consulter, ou ne
le consulter qu'après avoir agi, c'est-à-dire quand

il ne peut plus leur refuser son acquiescement sans compromettre son salut, sans ébranler la so-ciété, sans creuser un abîme ou allumer la guerre civile, parce qu'alors la souveraineté passe à ceux qui peuvent lui inspirer leur volonté. Et je dis que cette souveraineté, ainsi définie, ne remonte pas au delà du *Contrat social*, qu'elle était inconnue de l'antiquité et qu'elle le fut toujours de nos pères, qui, j'en conviens, ne furent pas plus malheureux pour cela.

Je vais plus loin : j'ajoute que cette souveraineté est toujours restée en état de théorie ; qu'elle n'a jamais reçu d'application ; mais qu'en revanche elle a eu beaucoup à souffrir. Aussi aurai-je moins à parler de ses actions que de ses douleurs.

Je sais qu'elle a été successivement proclamée par la première assemblée nationale, la Convention, l'Empire, le gouvernement de juillet et notre république : mais je sais aussi que ces divers gouvernements ne lui ont jamais rendu qu'un hommage hypocrite.

Au surplus, j'adjure le peuple de ne rien oublier de ce que sa souveraineté lui a coûté de misères, d'humiliations, d'impôts et de sang ; de récapituler un peu ce qu'elle lui a produit, et de se rendre compte du prix de revient, de la valeur de ce triste privilége, le seul qu'elle lui ait procuré, de changer de gouvernement à toute heure et de briser un trône auquel il devait huit siècles de prospérité, de liberté, de progrès et de gloire.

Dans l'espace de soixante ans, la souveraineté du peuple a servi d'épigraphe à six révolutions et de marchepied à autant de gouvernements. Invoquée tour à tour par les Ledru-Rollin, les Arago, les Félix Pyat de toutes les époques, c'est-à-dire par ceux qui ont voulu s'élever, elle a été honteusement éconduite, aussitôt qu'elle a voulu se prendre au sérieux, ou qu'elle a demandé son salaire.

> Votre salaire, dit le loup :
> Vous riez, ma bonne commère !
> Quoi ! ce n'est pas encor beaucoup
> D'avoir de mon gosier retiré votre cou ?
> Allez, vous êtes une ingrate :
> Ne tombez jamais sous ma patte.

Si le peuple veut mettre en regard de leur langage la conduite de ceux qui l'ont proclamé souverain, il ne tardera pas à leur appliquer ces paroles d'Isaïe: « Ces hommes m'honorent des lèvres, mais leur cœur est éloigné de moi. » S'il compare leurs actes à leurs discours, il s'apercevra bientôt qu'ils ne le parent du diadème qu'afin de lui ravir le bandeau royal pour en ceindre leur front; qu'ils ne le déclarent souverain, qu'à condition qu'il abdiquera sa souveraineté en leur faveur, et qu'ils le dépouillent de ce titre dès le jour qu'il veut la garder pour lui-même ou la confier à d'autres.

II.

ASSEMBLÉE NATIONALE.

Je commence par l'Assemblée nationale. Elle avait besoin de la souveraineté du peuple pour expliquer ses tentatives contre le trône. pour renverser l'antique constitution de la France; et elle érigea ce principe, j'allais dire ce paradoxe. dans l'article 5 de la déclaration des *Droits de l'homme*; mais elle lui donna le plus formel démenti aussitôt que cette souveraineté devint gênante.

Que sont les représentants du peuple? — Ses mandataires.

Quelles sont leurs obligations? — De remplir le mandat que le peuple leur a confié.

Peuvent-ils en dépasser les limites, faire autre chose que ce que le peuple leur a ordonné de faire, détruire ce qu'il veut conserver. conserver ce qu'il veut détruire? — Non sans doute.

Eh bien! le peuple a prescrit à l'Assemblée nationale, les cahiers en font foi, d'assurer la liberté de conscience, de respecter les propriétés de l'Église. Que fait elle? — Elle jette la France dans le schisme par la constitution civile du clergé; elle abolit les ordres religieux; elle confisque les biens de l'Église et en ordonne la vente au profit de l'État.

Le peuple lui a ordonné de consolider le trône, de raffermir l'autorité royale : est-elle fidèle à ce mandat? — Elle ébranle le trône, démembre à son profit l'autorité royale, s'empare du trésor public, dépouille implicitement le roi du droit de nommer ses ministres, usurpe celui de déclarer la guerre, et donne à la France une nouvelle constitution.

Cependant les cahiers étaient formels; ils étaient exprès, impératifs; ils manifestaient de la manière la moins équivoque, la plus positive, la volonté de la nation. Les députés de la droite, qui n'ont jamais proclamé le principe de la souveraineté du peuple, mais qui n'ont jamais abandonné ses droits, les députés de la droite demandaient que l'Assemblée nationale restât dans les limites de son mandat, protestaient de tous leurs efforts contre les usurpations de cette assemblée. « Ce n'est point sur des métaphores, disait l'éloquent Maury, que nous pouvons fonder les prérogatives de notre mission; et, si l'on veut sérieusement se prévaloir de l'autorité illimitée d'une convention nationale, ou même d'un corps vraiment constituant, ce n'est ni par des suppositions, ni par des déclamations, ni par des injures, trop faciles à rendre ou à mépriser, que des délégués ou des mandataires doivent établir leurs pouvoirs..... Nous n'avons nulle puissance par nous-mêmes; nous ne pouvons exercer ici que des droits limités dont nos commettants nous ont investis dans une procuration spéciale et précise; c'est de ce pouvoir radical qui vous est confié que je vous prie de vous occuper un moment, puisque tout ce qui l'excède est frappé d'avance de nullité. Avons-nous de pleins pouvoirs pour changer la forme du gouvernement? La nation nous a chargés de faire reconnaître les anciens droits du peuple français; mais elle ne nous a point autorisés à bouleverser, à notre gré, la forme de son gouvernement. et à lui rédiger une constitution absolument nouvelle et par conséquent arbitraire..... J'oserai le dire, avec la certitude d'être improuvé, mais sans aucune crainte d'être démenti : Nul de nous, Messieurs, n'eût été honoré de la confiance de la nation, si nous eussions professé dans nos bailliages les étranges principes qu'on nous étale ici tous les jours, et nous n'aurions jamais obtenu ses pouvoirs, si elle eût pu deviner de si coupables intentions. »

Il semblait difficile de résister à une pareille logique ; mais l'Assemblée nationale avait pris son parti. Déterminée à poursuivre son œuvre d'usurpation, elle décida qu'elle n'était pas liée par son mandat, et que le peuple n'avait pas eu le droit d'en restreindre les limites.

Voilà comment elle comprenait la souveraineté du peuple. Il était souverain pour se dépouiller, il ne l'était pas pour faire respecter sa volonté. Malheureusement l'abbé Maury avait laissé tomber ces paroles foudroyantes : « La nation est derrière nous, elle nous jugera. » L'Assemblée ne voulut pas être jugée ; elle préféra se donner un nouveau démenti et abolir la souveraineté du peuple, en restreignant, par des conditions de cens, le suffrage universel qu'avait inauguré Louis XVI, c'est-à-dire en écartant des élections la majorité du peuple et en achetant la complicité des électeurs, qu'elle conservait, par l'abolition des rentes féodales qu'elle leur jeta en pâture.

III.

CONVENTION NATIONALE.

L'histoire de la souveraineté du peuple n'a été, pendant tout le règne de la Convention, qu'un long martyrologe. Je n'entreprendrai pas le récit de tout ce qu'elle a souffert. Laissée au frontispice de l'édifice social en état d'abstraction théorique, elle n'a jamais été qu'un prête-nom. Aussi je ne la rendrai pas responsable des excès et des crimes auxquels elle a servi de prétexte; elle en gémissait la première. La véritable souveraineté de cette horrible époque, c'était la souveraineté de l'audace; la souveraineté du peuple régnait comme les rois mérovingiens sous les Pepin, comme ce

12

dieu de Babylone auquel on servait chaque jour
un festin somptueux, que ses prêtres allaient man-
ger pendant la nuit. Elle régnait, mais, hélas!
elle ne gouvernait pas.

Danton avait dit à l'Assemblée législative: « Pour
vaincre les ennemis, pour les atterrer, que faut-il?
De l'audace, encore de l'audace, et toujours de
l'audace [1]. » Cette théorie gouvernementale plut
à la Convention, et la souveraineté de l'audace fut
posée en principe. Et l'audace régna en souveraine, jusqu'au moment où elle fut à son tour sup-
plantée par la souveraineté de la terreur.

SECTION Ier.

SOUVERAINETÉ DE L'AUDACE.

S'il faut en croire nos modernes républicains,
jamais gouvernement ne fut plus fidèle que la Convention à la souveraineté du peuple. Pouvait-elle
donc, nous disent-ils, lui rendre un plus éclatant
hommage que d'abolir la royauté, de proclamer

[1] Séance du 22 septembre 1792.

la république, d'inaugurer le gouvernement du peuple par le peuple?

Non, si cette décision eût été prise par la majorité; mais elle le fut en l'absence de cette majorité. La Convention se composait de sept cent quarante-neuf membres, et non pas des deux cents qui prirent sur eux d'usurper les droits qui n'appartenaient qu'au corps entier, et d'imposer à la France le gouvernement républicain. Qu'eussent dit les fondateurs de notre république si, le 1er mai 1848, les trois cents premiers représentants arrivés à Paris s'étaient hâtés de se constituer en Assemblée nationale et de rétablir le trône? Avec quelle indignation n'auraient-ils pas protesté contre cette usurpation! « Vous n'êtes rien, se seraient-ils écriés, vous ne pouvez rien faire tant que l'Assemblée n'est pas constituée; vous n'êtes pas en nombre suffisant pour délibérer sur l'objet le moins important, et vous vous permettez de prononcer sur une question d'un aussi grave intérêt! Arrière, audacieux usurpateurs! » Et ils auraient dit vrai; ces trois cents députés n'auraient pas eu plus le droit d'abolir la république, que les deux cents de la Convention n'eurent celui de la pro-

clamer; et je suis, ce me semble, fondé à considérer comme le plus éclatant démenti donné à la
souveraineté du peuple, l'acte que l'on considère
aujourd'hui comme le plus éclatant hommage
qu'elle pût recevoir.

Qu'on ne prétende pas que la majorité ait ratifié
ce décret, sinon par une déclaration formelle, du
moins par son silence : car on ne lui fit pas même
l'honneur de la consulter. L'eût-on consultée, que,
dans les circonstances où on l'avait placée, elle
n'aurait pas pu revenir sur le décret. C'était un
fait désormais accompli.

Les fondateurs de la république ne se firent jamais illusion sur les répugnances du peuple pour
cette forme de gouvernement ; il s'était expliqué
d'une manière non équivoque dans ses cahiers ;
plus de six millions de suffrages avaient attesté son
vœu pour le maintien du trône, et les événements
qui s'étaient succédé depuis n'avaient pas été de
nature à lui inspirer d'autres sympathies.

Il était évident pour tous, que la république ne
pouvait triompher que par un excès d'audace,
qu'elle ne pouvait arriver que par une surprise, et
il fallait à tout prix qu'elle arrivât. C'était une

question de vie ou de mort pour Danton, Robespierre, Marat, Billot-Varennes, Collot-d'Herbois,
Couthon et la masse des Jacobins.

Avec la royauté, la France leur demandait un
compte terrible de la journée du 10 août, de l'em-
prisonnement du roi, des massacres de septembre.

Avec la république, la France devenait leur
complice, justifiait le renversement du trône, et
assurait leur impunité. Il fallait la lancer dans cet
abîme, ou se résoudre à périr; et ils se hâtèrent
de proclamer la république, avant que les cinq
cents membres qui avaient reçu pour mandat de
relever le trône, ne pussent faire entendre le vœu
national, espérant ainsi leur présenter la république comme un fait accompli, sur lequel il n'y
avait pas à revenir.

Si la majorité eût été libre, il n'est point douteux qu'elle n'eût rétabli la royauté; mais toutes
les mesures étaient prises pour mettre la république à couvert. Et que pouvait l'Assemblée, quand
on l'avait placée sous la pression d'une populace
ivre de sang? Que pouvait-elle au milieu de Paris
en délire, en face d'hommes déterminés à tous les
crimes, encore fumants du sang de leurs victimes?

Que pouvait-elle contre des clubs organisés sur tous les points de la France, résolus à tout oser, n'ayant pour elle que les vœux stériles et impuissants d'une nation déconcertée, et qu'un châtiment divin semblait avoir frappée d'aveuglement et d'inertie?

Que pouvait la Convention?... Elle pouvait ce que pouvait l'Assemblée nationale de 1848 en présence de cet engagement formel imposé aux officiers de la garde nationale de marcher contre elle, de la renverser, de jeter les représentants dans la Seine s'ils ne se montraient pas franchement républicains. Moins de liberté peut-être était encore laissée à la Convention, par les terroristes qui l'environnaient, car il y avait loin de la population de Paris sortant d'une ère de paix et d'ordre, pure de tout crime, de toute souillure, instruite par de terribles leçons, à la population de 1792, telle que les journées de septembre l'avaient faite!

Dira-t-on que le peuple n'aurait pas manqué de protester s'il n'avait pas voulu de la république?

Le pouvait-il, quand la Montagne avait arraché à la Convention ce décret qui prononçait la peine de mort contre quiconque proposerait,

Monsieur ,

Vous voulez écrire l'histoire de la souveraineté du peuple, ce principe si souvent invoqué et toujours violé par ceux qui l'invoquent. Je crois que cette histoire sera utile par les souvenirs du passé qu'elle rappellera, et les leçons qu'elle donnera au présent et à l'avenir. Le peuple est traité aujourd'hui par ses flatteurs comme les rois l'étaient par les courtisans : on cherche bien plus à se servir de lui qu'à le servir. Ce souverain famélique ressemble à ces rois fainéants sous lesquels ou sur lesquels des maires du palais tout-puissants régnaient.

Cependant, puisqu'il est souverain, c'est à lui qu'il faut dire la vérité qu'on disait jadis aux rois.

Vous avez, Monsieur, usé largement de ce privilége, et personne ne vous confondra parmi ces flatteurs de peuple dont Bossuet a dit qu'ils étaient plus détestables que les flatteurs de rois.

Agréez, Monsieur, l'expression de tous mes sentiments.

Alfred NETTEMENT.

même dans les assemblées primaires, d'établir la
royauté ; qui déclarait qu'en principe nulle nation
ne pouvait se donner un roi , et que la France
traiterait en ennemis tous les peuples qui refuseraient l'égalité et la liberté ? Quel est l'insensé qui
aurait osé le premier, par un vœu imprudent , appeler sur lui la hache du bourreau ou le poignard
d'un assassin ?

La France pouvait marcher sur Paris et mettre
les terroristes à la raison.

Non, elle ne le pouvait pas ; prise au dépourvu ,
désarmée , sans chef, démoralisée , frappée de
vertige et de stupeur, elle ne pouvait que courber
la tête devant la souveraineté de l'audace.

Mais , mon Dieu , de tous les crimes commis en
son nom, en est-il un seul auquel elle ait participé,
qu'elle n'ait détesté ? Voulait-elle l'assassinat de
Louis XVI ? la majorité de la Convention le voulait-
elle elle-même ? et cependant l'infortuné monarque
fut condamné à mort par la majorité de la Convention, et la France , qui a poursuivi de ses exécra-
tions les auteurs de cet abominable parricide,
laissa consommer cette immolation sous ses yeux.

Je ne veux, pour prouver la puissance des faits

accomplis et montrer ce que peut l'audace sur un grand peuple et sur une assemblée, que deux faits : le procès de Louis XVI et la journée du 2 juin 1793.

L'assassinat de Louis XVI ne fut, à proprement parler, ni l'œuvre de la France, ni l'œuvre de l'Assemblée qui l'envoya au supplice ; il fut l'œuvre d'une poignée de scélérats, qui, par leur audace, imposèrent ce crime à la Convention, pour la lier à leurs intérêts par la solidarité d'un régicide.

Il importait aux Jacobins que Louis XVI pérît ; son existence, donnant un drapeau à la nation, compromettait le salut de la république. On pouvait se débarrasser de lui par un assassinat, mais on ne pouvait atteindre du même coup les princes, qui, à son défaut, auraient représenté le principe, et les Jacobins voulurent creuser un abîme entre la France et le trône, en faisant peser une complicité apparente sur la nation.

Le procès de Louis XVI fut un outrage sanglant pour le peuple et la violation la plus manifeste de sa souveraineté. Le peuple avait déclaré le roi inviolable. « Ce ne fut pas seulement, dit Vergniaud, l'assemblée des représentants qui promit l'inviolabilité à Louis, ce fut le peuple lui-même, ce furent tous les citoyens individuellement par le serment individuel qu'ils prêtèrent à la constitution. » Louis avait donc pour caution de son inviolabilité les serments les plus solennels de la nation, il avait pour garant la souveraineté du peuple. On ne pouvait le mettre en jugement sans donner un démenti à cette souveraineté, sans couvrir d'opprobre le peuple lui-même ; et cependant l'Assemblée décréta que Louis serait jugé et qu'il serait jugé par elle.

Le jour du jugement arrive, l'éloquence de Desèze a ébranlé les consciences, Lanjuinais se lève : « Je viens, dit-il, vous demander le rapport d'un décret barbare, qui vous a été ravi en peu de minutes, sans discussion et par voie d'amendement ; celui qui vous a fait juges dans cette affaire. Nous ne pouvons pas être juges de celui dont les *crimes* auraient eu pour objet quelques-uns d'entre nous ; nous ne pouvons pas être à la fois, dans la même affaire, et juges, et législateurs, et accusateurs, et jurés d'accusation, et jurés de jugement, ayant d'avance publié nos avis, quelques-uns avec une férocité scandaleuse. »

Si la Convention est libre, le roi sera absous.

La commune de Paris ne veut pas que sa victime lui échappe : elle rassemble ses farouches sans-culottes, ils assiégent l'Assemblée, attendent les députés sur leur passage, applaudissent à ceux qui leur sourient et qui portent dans leurs regards la condamnation, poursuivent de leurs cris homicides, d'horribles vociférations quiconque leur paraît suspect de clémence, et le foudroient par ces paroles : *Ou sa mort ou la tienne.*

La majorité de la Convention ne voulait pas la mort du roi : cependant l'arrêt de condamnation fut prononcé, et l'audace de la minorité triompha de la conscience d'une majorité composée, comme le fait remarquer un historien, d'hommes de mœurs douces, ayant horreur du sang humain, et dont la plupart eussent frémi de voter la mort d'un simple particulier, s'ils eussent fait partie d'un jury légalement institué [1].

Sûr des sentiments de son peuple, convaincu qu'il ne ratifierait jamais le jugement monstrueux qui le frappait, Louis XVI fait appel à la nation. Mais ses bourreaux, qui ne se font pas non plus

[1] « Nous avons l'air de voter dans une Convention libre, disait Lanjuinais, et nous votons sous le poignard des assassins! »

illusion, ne doutant nullement que le peuple indigné ne leur arrache l'auguste victime, se hâtent de rejeter cet appel et de faire tomber sur l'échafaud la tête du martyr, espérant présenter à la France cette immolation comme un fait accompli, qui fermait toutes les voies à la miséricorde, et semblait élever une barrière désormais infranchissable, entre le peuple et la famille des Bourbons.

L'audace avait triomphé dans ce drame lugubre, une poignée de scélérats avait pu couvrir le nom français d'un éternel opprobre. La journée du 2 juin va consommer l'œuvre et donner une nouvelle preuve de la puissance de l'audace.

La Commune ne pardonnait pas aux députés qui avaient refusé de voter la mort, d'avoir reculé devant la solidarité du crime, et elle résolut de les égorger en pleine séance et de se défaire du même coup des Girondins, dont la résistance entravait quelquefois sa marche.

Instruits du danger, les députés menacés obtiennent un décret qui crée une commission extraordinaire de douze membres pour défendre la Convention dans ses périls, et lancer des mandats d'arrêt contre les factieux et les perturbateurs.

A peine instituée, la commission fait arrêter Hébert, qui, depuis trois ans, ne cessait de crier aux armes, d'ameuter la populace contre la Convention et de la pousser au meurtre et au pillage.

A cette nouvelle, le conseil général de la Commune rassemble ses cohortes, et se présente à la barre de la Convention pour réclamer la liberté de ce monstre. Le président Isnard se plaint des insurrections qui depuis le 10 mars se renouvellent dans Paris.

« Ecoutez, dit-il, ce que je vais vous dire au nom de la France entière. S'il arrivait qu'on portât atteinte à la représentation nationale, Paris serait anéanti. Oui, la France entière tirerait vengeance de cet attentat, et l'on chercherait bientôt, sur les bords de la Seine, si Paris exista. »

La section de la Cité vient à son tour, vingt-huit autres sections la suivent; elles demandent la liberté d'Hébert et la suppression de la commission des douze. Le décret est aussitôt rendu. Les Girondins résistent; le décret est rapporté. Hébert est maintenu en état d'arrestation. Les Jacobins redemandent sa liberté. « Rendez-nous ce magistrat, dit Danton, ou nous allons vous prouver que nous vous surpassons en audace et en vigueur révolutionnaire. »

Il le prouva en effet : le 31 mai, le tocsin sonne, la générale bat dans toutes les rues, les sections se réunissent et marchent contre la Convention ; les membres de la Commune sont introduits, ils demandent la proscription de vingt-deux députés et de la commission des douze. La Convention transige ; elle décrète la suppression de la commission, et qu'il sera établi une correspondance entière entre les opérations de l'Assemblée et celles de la Commune.

Les Jacobins ne sont pas satisfaits. « Hommes du 10 août. disaient Collot-d'Herbois, Marat et Chabot, qu'est devenue votre ardeur à punir les tyrans, à égorger les traîtres ? Est-ce donc pour si peu que vous avez pris les armes ? De quel sang vos piques sont-elles teintes ? Quoi ! vous avez pénétré dans la Convention. vous l'avez vue tremblante devant vous, vous n'avez point arraché de son sein les Girondins qui vous oppriment, qui vous trahissent ! Venez troubler la joie de ces tyrans qui osent déjà rire de vos vaines menaces. »

Le 2 juin, 40,000 hommes prennent les armes.

Leur chef s'avance à la barre : « Les citoyens de Paris, dit-il, n'ont pas quitté les armes depuis quatre jours. Les crimes des factieux de la Convention vous sont connus. Nous venons, pour la dernière fois, vous les dénoncer. Décrétez à l'instant qu'ils sont indignes de la confiance publique, et mettez-les en état d'arrestation. Le peuple est las d'ajourner sans cesse l'instant de son bonheur ; il le laisse encore un instant dans vos mains ; sauvez-le, ou nous vous déclarons qu'il va se sauver lui-même. »

L'Assemblée veut sortir de son enceinte pour se répandre parmi le peuple, elle arrive à une issue qui donne sur la place du Carrousel ; Henriot, général de l'armée révolutionnaire, ses aides-de-camp et plusieurs membres de la Commune, soutenus d'un triple rang de baïonnettes et de piques, ferment le passage. Hérault Séchelles, président, veut lire un décret. « Retourne à ton poste, lui dit Henriot ; oses-tu bien donner des ordres à un peuple insurgé ? Le peuple veut qu'on lui livre les traîtres ; livre-les ou retourne !

Et il ajoute : « Canonniers, à vos pièces ! Citoyens, aux armes ! »

Aussitôt des canons chargés à mitraille sont pointés contre la Convention; plusieurs des députés sont couchés en joue.

La Convention obéit. Elle rentre dans la salle de ses séances. Couthon monte à la tribune et lui adresse cette outrageante raillerie : « Tous les membres de la Convention doivent être bien convaincus qu'ils jouissent de leur liberté. Vous avez marché vers le peuple; vous l'avez vu passionné pour la liberté et incapable d'attenter à la sûreté de ses mandataires. Maintenant donc que vous reconnaissez que vous êtes libres dans vos délibérations, je vous demande que les députés dénoncés soient mis en état d'arrestation, ainsi que les ministres Clavières, Bouchotte et Lebrun. »

La Convention courbe la tête et décrète l'arrestation.

Les provinces s'indignent; l'Ouest et le Midi sont en feu; Lyon, Marseille, Toulon ont crié aux armes; le département de la Gironde proteste; les citoyens de Rennes, réunis en assemblées primaires, menacent de marcher sur Paris. « La Convention, écrivent-ils, n'est plus libre, et tel est l'excès d'audace des dominateurs sanguinaires qui la subjuguent, que les représentants de vingt-six millions d'hommes n'ont jamais pu avouer l'avilissement dans lequel une poignée de scélérats les plongeait. Rapportez l'odieux décret qui met en arrestation nos défenseurs, et rendez-les à leurs fonctions. Vous en répondez sur vos têtes. »

En réponse, la Convention décréta que le conseil général révolutionnaire et le peuple de Paris avaient bien mérité de la patrie, et avaient puissamment concouru à sauver la liberté, l'unité et l'indivisibilité de la République.

Qui triompha dans cette première période de la Convention nationale, la souveraineté du peuple ou la souveraineté de l'audace?

SECTION II.

SOUVERAINETÉ DE LA TERREUR.

La souveraineté de l'audace a vaincu. La Convention est soumise; elle obéira désormais; la victoire reste à la commune de Paris. Et voilà que tout à coup il surgit un ennemi formidable; un géant s'est levé et il menace d'attaquer les brigands jusque dans leur repaire. La Vendée! l'héroïque

Vendée! a pris les armes. L'Europe s'émeut à son tour, et nos frontières sont entamées.

Cependant les finances sont épuisées par les dilapidations et les orgies. Il faut de l'argent; il en faut à tout prix; il en faut pour la guerre, il en faut pour gorger les hordes qui forment la garde de la Commune. il en faut pour gorger les tyrans..... Et le peuple est ruiné!

Il faut une armée; il la faut à tout prix. Et le peuple reste immobile!

Un emprunt forcé est décrété, et il ne peut s'effectuer.

Une levée en masse est décrétée. et le peuple est sourd à cet appel.

L'audace est déconcertée; elle est forcée de s'avouer vaincue à son tour. Alors il se présente à elle une figure hideuse. au regard farouche, aux yeux sombres, aux mains sanglantes; elle s'avance.

Je puis te fournir de l'argent et des soldats. Je forcerai le peuple à chercher son salut sous les drapeaux; je ferai tomber la tête des riches et je confisquerai leurs biens; la guillotine sera mon recruteur. le bourreau mon argentier.

— Qui es-tu? lui dit l'audace.

— Je suis la terreur.

— Je t'associe à ma souveraineté.

— Je veux régner seule.

— Eh bien! règne sur nous;... *sois notre souveraine!*—Et un décret met la terreur à l'ordre du jour; et la loi des suspects, embrassant les quatre cinquièmes de la population, remplit les prisons, et le bourreau bat monnaie dans tous les départements.

Il me faut une armée, ajoute la terreur. — Un décret du 5 août 1793 crée une armée révolutionnaire de six mille canonniers, qui parcourra les départements, suivie d'un tribunal et de l'instrument de la vengeance des lois, pour comprimer les contre-révolutionnaires, et exécuter les mesures de salut public.

Il me faut des ministres; je veux des hommes impitoyables.

Voilà Robespierre, Henriot, Lebas, Couthon, Saint-Just, Fouquier-Tainville.

C'est bien!

Il me faut des proconsuls pour les départements.

Voici Dartigoyte, André Dumont, Ysoré, Tallien, Lequinio, Laplanche, Pinet, Maignet, Borie,

Javoques, Fouché, Collot-d'Herbois, Joseph Lebon, Carrier, et tant d'autres généreux sans-culottes.

« Approchez, mes amis, réunissez-vous dans cette enceinte, je vais vous donner mes instructions. »

Pourquoi réveiller ces douloureux souvenirs? ne serait-il pas plus généreux de jeter un voile sur cette partie de notre histoire?

Pourquoi réveiller ces souvenirs? Mais parce que tous les jours ces hommes sont déifiés; mais parce qu'on leur reproche de n'avoir pas versé assez de sang; mais parce qu'on nous menace de surpasser leurs excès; mais parce qu'on veut nous ramener à ces temps horribles. Ne faut-il pas que le peuple sache où on veut le conduire, le sort qu'on lui réserve? Non, non, une coupable délicatesse, un faux scrupule, n'étoufferont pas la parole dans ma bouche! Je veux apprendre aux insensés qui se sont laissé séduire par d'abominables théories, ce qu'ont souffert leurs pères, et ce qu'on leur fera souffrir à eux-mêmes, s'il est donné à nos démocrates de parvenir au pouvoir et de réaliser leurs sanguinaires desseins.

La terreur réunit ses proconsuls et leur parle ainsi : « Puisque notre vertu, notre modération, nos idées philosophiques ne nous ont servi de rien, soyons brigands pour le bonheur du peuple! Soyons brigands [1]! sentons notre dignité! point de fausses mesures! L'homme qui combat à la face du monde pour une révolution ayant pour but l'égalité, la justice, le bonheur des hommes, veut qu'à l'instant où il prend les armes, aucun être sur la terre n'ait le moindre reproche à lui faire [2]. La majorité du peuple français est mauvaise, la minorité seule est bonne [3]. A bas tous les nobles, et tant pis pour les bons s'il y en a; que la guillotine soit en permanence dans toute la république, la France aura assez de cinq millions d'habitants [4]. Ceux qui ont vu l'ancien gouvernement le regretteraient toujours; il faut que tous ceux qui, à l'époque de sa chute, avaient plus de vingt ans périssent [5]. Que la foudre éclate par humanité, ayons le courage

[1] Convention nationale, séance du 5 juillet 1793.
[2] Thuriot, séance du 5 juillet 1793.
[3] Malarmé, lettre du 13 prairial an III.
[4] Proclamation de Guffroy, séance du 15 messidor an III.
[5] Robespierre.

de marcher sur des cadavres pour arriver à la liberté [1]. Ne reconnaissez pour vrais patriotes que ceux qui, comme Javogues, sont capables de boire un verre de sang [2]. Mettez la vengeance nationale à l'ordre du jour, que la terreur soit dans l'âme des aristocrates et des modérés. Le glaive de la loi vous est confié, qu'il frappe journellement les têtes coupables ; qu'il n'en échappe aucune ; plus la guillotine joue, plus la république s'affermit. Que le sang des ennemis de la patrie arrose les sillons, que leurs corps fertilisent les champs, la terre a soif de ces monstres. Travaillez sans relâche à faire disparaître tous ceux qui ne veulent pas la liberté, qui méprisent l'égalité, qui rejettent l'unité et l'indivisibilité de la république, qui n'aiment pas la Convention et la sainte Montagne, qui craignent les Jacobins et les sans-culottes vos frères [3]. Vous mettrez parmi les personnes suspectes ceux qui, par leurs spéculations mercantiles, ont contribué à discréditer les assignats [4]. Commerce et accapa-

[1] Fouché, séance du 22 thermidor an II.
[2] Séance du 23 prairial an III. Lettre de Javogues.
[3] Commission militaire de Marseille. Séance du 25 mars 1794.
[4] Dartigoyte, séance du 13 novembre 1793.

rement sont synonymes [1]. Il faut que les commerçants, qui ont vu avec plaisir l'abaissement des
nobles et des prêtres, dans l'espérance de s'engraisser de leurs biens, et qui aujourd'hui désirent
la contre-révolution avec plus de perfidie, soient
abaissés; il faut se montrer aussi terrible envers
eux, qu'à l'égard des premiers [2]. Que la guillotine
opère le scrutin épuratoire du commerce, et ex-
termine les agioteurs et les accapareurs [3]. Il est
temps d'ordonner l'arrestation de tous les ci-devant nobles, de tous les ci-devant seigneurs, de
tous les prêtres fanatiques; tant qu'il en restera
un sur la terre de la liberté, il conspirera contre
elle [4]. Vous pouvez tout faire, tout briser, tout renverser, tout incendier, tout déporter, tout guillotiner, tout régénérer; que tout tremble, que tout
s'écroule [5]. Tenez-vous en défiance contre les larmes du repentir, que rien ne désarme votre sévé-
rité [6]. Faites les exécutions en masse pour détruire,

[1] Séance du 15 messidor an III.
[2] Danton, séance du 31 août 1793.
[3] Tallien, lettre du 13 novembre 1793.
[4] Lettre de Pinet, séance du 25 germinal an II.
[5] Lettre de Piorry, séance du 22 thermidor an III.
[6] Lettres de Collot-d'Herbois et Fouché, séance du 4 frimaire
an II.

s'il est possible, tous les conspirateurs en un seul jour[1]. Si la guillotine est trop lente, faites fusiller[2]. Lancez sur des vaisseaux la tourbe impure des ennemis de l'humanité, et que la foudre nationale les engloutisse dans le gouffre des mers[3]. Transigez aujourd'hui, ils vous attaqueront demain, vous massacreront sans pitié. Il n'y a que les morts qui ne reviennent pas[4]. »

Les ministres et les proconsuls se mettent à l'œuvre. Leur mission terminée, la terreur tient ses assises. « Que chacun me rende compte de sa conduite. »

Robespierre dit : — « Dans l'espace de trois mois j'ai fait tomber sur l'échafaud, dans la seule ville de Paris, dix-neuf cent soixante-quatre têtes. »

Dartigoyte, proconsul à Dax : « J'ai mis la terreur à l'ordre du jour, cela a produit le meilleur effet, les aristocrates ont tremblé. J'ai mis à mort les aristocrates, les conspirateurs et tous les ennemis de la révolution[5]. »

---

[1] Rapport de Collot-d'Herbois, séance du 12 nivôse an II.
[2] Lettre de Carrier, séance du 6 nivôse an II.
[3] Milhaud, séance du 29 frimaire an II.
[4] Barrère, séance du 16 messidor an II.
[5] Lettres des 13 sept. 1793 et 19 germinal an II.

André Dumont, proconsul à Abbeville : — « Tous les jours l'aristocratie a reçu une leçon. Il existait à Abbeville trois choses qui ont fait trembler les traîtres : le tribunal révolutionnaire, la guillotine et le maratiste Dumont [1]. Soixante-quatre prêtres insermentés vivaient ensemble en une superbe maison à Amiens, je les ai fait enfermer dans une maison d'arrêt. Cette nouvelle espèce de monstres, qu'on n'avait pas encore exposée à la vue du peuple, a produit un bon effet. Les cris de : Vive la République ! ont retenti dans les airs à côté de ce troupeau de bêtes noires [2]. Quarante-quatre charrettes ont amené devant moi les personnes que j'ai fait arrêter par le comité de surveillance d'Abbeville [3]. D'infâmes bigots, des prêtres réfractaires vivaient dans des tas de foin, dans la ci-devant abbaye du Gard. Trois de ces bêtes noires ont été découvertes, cachées ; je les ai envoyées au cachot attendre leur jugement. J'ai requis l'arrestation des prêtres qui se permettaient de célébrer les fêtes ou dimanches ; j'ai fait disparaître les cru-

---

[1] Lettre d'André Dumont, séance du 23 sept. 1793.
[2] Lettre du 9 août 1793.
[3] Lettre du 5 octobre.

cifix et les croix, et j'ai compris dans la proscription les animaux noirs appelés prêtres [1]. »

Ysoré, proconsul à Lille : — « J'ai fait tuer un troupeau entier d'émigrés sous le moulin de Wervich ; un seul a été envoyé à Lille pour entretenir la guillotine [2].

Tallien, proconsul à Bordeaux : — « La commission militaire a marché toujours révolutionnairement ; la tête des conspirateurs est tombée sur l'échafaud ; les hommes suspects ont été enfermés ; les insouciants et les égoïstes ont été punis par la bourse. J'ai mis en arrestation tous les sujets du grand théâtre, au nombre de quatre-vingt-six. La veille, la salle de spectacle avait été investie au moment où plus de deux mille personnes y étaient, et tous les gens suspects, en très-grand nombre, furent incarcérés. Une nuit, plus de deux cents gros négociants furent arrêtés, les scellés mis sur leurs papiers, et la commission ne tarda pas à en faire justice. Toutes les églises ont été fermées ; l'emprunt forcé a été bon train ; Bordeaux a versé plus de 100 millions dans les coffres de la Répu-

---

[1] Lettre du 24 octobre 1793.
[2] Lettre du 25 octobre.

blique [1]. L'esprit public a pris tous les jours une nouvelle force : la commission militaire a fait tomber la tête des conspirateurs ; le conseil de surveillance a fait arrêter tous les hommes suspects : la société populaire a fait trembler les feuillants et les modérés [2]. »

Lequinio, proconsul à Rochefort : — « J'ai fait arrêter, à Rochefort, un fournisseur de bougies, et le tribunal révolutionnaire, que j'avais établi, l'a fait *éclairer* [3]. J'ai mis la guillotine en permanence ; j'ai fait couler le sang à grands flots ; j'ai forcé les jeunes filles de monter sur l'échafaud et de fouler aux pieds le sang de leurs parents et de leurs amis [4]. Les prisonniers s'étant révoltés à Fontenay, j'ai couru à la prison ; j'en ai tué un de ma main, et j'ai donné ordre de faire fusiller les autres, au nombre de quatre à cinq cents [5]. »

Laplanche, proconsul à Rennes : — « La commission militaire de Rennes y a vengé chaque jour le peuple des crimes des contre-révolutionnaires

[1] Lettre du 23 frimaire an II.
[2] Lettre du 14 janvier 1794.
[3] 6 novembre 1793.
[4] 8 juillet 1793.
[5] Lettre du 21 décembre 1793.

et des aristocrates. Les jugements ont été fréquents et la guillotine les a suivis de près. Dans l'espace de quinze jours, les commissions militaires et révolutionnaires de cette commune ont délivré la République de plus de deux cents scélérats [1]. Partout j'ai fait disparaître les prêtres comme autant de vers rongeurs et les fléaux de la société; chaque jour a vu le sol de la liberté se purger des débris infects du fanatisme et de la tyrannie, et, sur des cadavres amoncelés et des ruines fumantes, la Vendée s'est écroulée, et la République est debout [2]. »

Pinet, proconsul à Bayonne : — « J'ai fait arrêter quatre-vingts ci-devant nobles ou seigneurs, et j'ai continué les arrestations jusqu'à ce que le dernier de ces misérables ait été enchaîné. La commission extraordinaire, que j'avais créée à Bayonne, m'avait suivi de près; une guillotine avait été apportée et dressée sur la place. La commission extraordinaire m'a puissamment secondé et a exercé des actes sévères de justice et de ven-

[1] Lettre du 4 janvier 1794.
[2] 13 février 1794.

geance nationale ; chaque jour quelque tête est tombée sur l'échafaud [1]. »

Maignet, proconsul dans le département de Vaucluse : — « Depuis longtemps Bédouin avait manifesté sa haine contre la révolution. Cinq commissions successives y avaient été envoyées pour punir les crimes des scélérats ; mais le germe aristocratique y a toujours fécondé et produit de nouveaux forfaits.

« Dans une nuit fort obscure, un arbre de la liberté fut coupé, je ne sais par qui. J'avais pris un arrêté qui obligeait les habitants de déclarer les coupables. Plongés dans le sommeil, ils ne les avaient point vus et ne pouvaient les indiquer. J'ai fait enchaîner prêtres, nobles, parents d'émigrés, autorités constituées, ne voyant plus dans cette commune qu'une bande d'ennemis. J'ai investi le tribunal criminel du pouvoir révolutionnaire pour faire tomber de suite la tête des plus coupables, et j'ai ordonné, qu'une fois ces exécutions faites, les flammes fissent disparaître jusqu'au nom de Bédouin : cinq cents maisons, qui composaient

[1] Lettres des 14 et 24 avril 1794.

cette ville, ont été réduites en cendre. Les champs ont-été condamnés à la stérilité; les habitants, qui y étaient assez aisés, ont été condamnés, les uns à la mort, les autres au cachot ou à la plus affreuse misère.

« Les nombreuses manufactures de soie de cette commune ont été brûlées; les farines et les bâtiments nationaux ont eu la priorité pour la destruction; j'ai fait apporter des poudres pour faire sauter une église neuve qui avait coûté deux cent mille francs. Une jeune fille âgée de dix-huit ans est venue me demander la grâce de son père; dès que j'ai su qu'elle était de Bédouin, je l'ai envoyée à l'échafaud avec son père.

« A Orange, j'ai fait guillotiner un vieillard de quatre-vingt-sept ans, tombé en enfance depuis six ans; j'ai fait aussi guillotiner des enfants de dix à quatorze ans; j'ai entassé cinq cents cadavres dans une seule fosse, et j'en ai fait creuser six autres destinées à recevoir douze mille victimes. J'ai fait venir quatre milliers de chaux pour les consumer[1]. »

[1] Lettre de Maignet, du 17 mai 1794; autre lettre de Goupillau, du 4 mai 1793.

Javoques, proconsul à Montbrison : « Je me suis
contenté de faire égorger deux cents personnes à
Montbrison. »

Carrier, proconsul à Nantes : « Nantes n'oublie-
ra de longtemps mon passage. Mon début a été un
vrai coup de maître : quatre-vingt-dix prêtres réfractaires ayant été saisis, je les ai fait enfermer
dans un bateau sur la Loire, et j'ai donné ordre
de les jeter dans la rivière; aucun d'eux n'a échap-
pé[1]. » Quelques jours après on m'a conduit d'An-
gers cinquante-huit de ces individus; aussitôt ils
ont été enfermés dans un autre bateau, et, dans
la nuit, ils ont tous été engloutis. Quel torrent
révolutionnaire que la Loire[2]! La défaite des Ven-
déens avait été si complète, que nos partis les
prenaient, les tuaient ou les amenaient à Nantes
par centaines. La guillotine ne pouvait suffire,
j'ai pris le parti de les faire fusiller. C'est par principe d'humanité que j'ai purgé la terre de ces
monstres[3]. Qu'on ne vienne pas nous parler d'humanité... Dans ce pays, tout a combattu contre la

[1] Lettre du 28 novembre 1793.
[2] Lettre du 15 décembre.
[3] Lettre du 26 décembre.

république; les enfants de treize à quatorze ans
ont porté les armes contre nous, et les enfants en
plus bas âge ont été les espions des brigands. Beaucoup de ces petits scélérats ont été jugés et condamnés par la commission militaire. Je n'ai reconnu pour patriotes que ceux qui ont combattu avec
nous, j'ai considéré tout le reste comme brigands,
et le glaive de la loi en a fait justice [1]. La guillotine
était trop lente, et comme en fusillant les brigands c'était aussi trop long et qu'on use de la
poudre, j'ai pris le parti de les faire mettre en cer-
tain nombre dans de grands bateaux, de les faire
conduire au milieu de la rivière, à demi-lieue de la
ville, et là de faire couler le bateau à fond : cette
opération se faisait continuellement [2]. Un jour j'ai
fait noyer six cents enfants, un autre jour quatre-
vingt-trois filles publiques. La compagnie de Marat, que j'avais organisée, m'a débarrassé d'un
seul coup de quinze mille brigands que j'avais enfermés à l'entrepôt. J'aimais à lier ensemble un
homme et une femme, un prêtre et une prostituée,
après les avoir dépouillés de tout vêtement, et à

[1] Lettre du 23 février 1794.
[2] Lettre du 31 décembre 1793.

les faire jeter dans la Loire : c'est ce que j'appelais un mariage républicain. »

Borie, proconsul à Uzès : — « J'ai pris pour modèle l'immortel Carrier. J'ai créé à Uzès un grand nombre de bastilles, j'y ai entassé les brigands, et j'en ai fait fermer hermétiquement les fenêtres, afin de les faire périr par le méphitisme. »

Joseph Lebon, proconsul à Arras : — « J'ai marché sur les traces de Carrier, j'aurais voulu le surpasser. J'ai fait établir à Arras une commission révolutionnaire, dont l'activité a été telle, qu'au bout de quelques semaines, dans la rue la plus spacieuse, il n'y a pas eu une seule maison où on ne comptât plusieurs condamnés à mort. Dans quelques jours, j'ai fait tomber quatre cents têtes dans la seule ville d'Arras. J'aimais à aller compter sur l'échafaud les têtes tombées, et à aller dans les prisons compter celles que je voulais faire tomber le lendemain [1]. »

Couthon, proconsul à Lyon : — « La Convention a ordonné le désarmement des habitants de Lyon, la démolition de tout ce qui fut habité par les riches, la radiation du nom de Lyon du tableau

[1] Lettre du 11 août 1794.

des villes de la république, la dénomination de ville affranchie à la *réunion des maisons conservées*, et enfin l'élévation d'une colonne *sur les ruines* de cette ville, avec cette inscription : LYON N'EST PLUS [1]. Voici comment nous avons rempli notre mission. »

« L'armée assiégeante se disposait à bombarder la ville, lorsque nous vîmes venir à nous un détachement de Lyonnais, portant à la main des branches d'olivier. Nous les reçûmes avec des démonstrations amicales, et quand nous les eûmes attirés dans nos rangs, ils furent immédiatement fusillés. Aussitôt le bombardement commença. Les bombes furent dirigées principalement sur l'Hôtel-Dieu. Le 9 octobre, la ville fut obligée de se rendre. A peine entrés dans ses murs, nous créâmes, 1° une commission de cinq membres, pour juger militairement les contre-révolutionnaires; 2° un comité de séquestre, pour s'emparer des biens de tous les propriétaires et commerçants; 3° un comité de démolition, pour faire abattre les maisons. Je parcourais moi-même toutes les rues, frappant d'un marteau d'argent toutes les maisons suspectes, et

[1] Décret du 12 octobre 1793.

je prononçais contre chacune d'elles cet anathême : *Maison rebelle, je te frappe au nom de la loi.* Les ouvriers accouraient à l'instant, et la destruction commençait. Nous ne tardâmes pas à nous apercevoir que les démolitions étaient trop lentes ; il faut des moyens plus rapides à l'impatience républicaine : l'explosion de la mine et l'activité dévorante de la flamme nous parurent seules capables d'exprimer la toute-puissance du peuple [1]. On m'amena un jour soixante traîtres : je les fis immédiatement égorger. Je fis sonner le tocsin dans toutes les communes, et je donnai l'ordre partout de courir sur les rebelles, comme sur des animaux féroces qui cherchent à dévorer le genre humain [2]. »

Collot-d'Herbois, autre proconsul de Lyon : — « J'avais été sifflé à Lyon, dans une tournée théâtrale. Je ne l'oubliai pas dans cette circonstance : j'appelai une colonie tout entière de sans-culottes, et je mis à leur tête un détachement de l'armée révolutionnaire de Paris. Je convertis tous les lieux infects en prisons, et j'y entassai par milliers des

[1] Lettre du 25 novembre 1793.
[2] Lettre du 15 octobre 1793.

victimes de tout âge. La commission temporaire jugeait, égorgeait jour et nuit. Les juges et le bourreau expiraient de fatigue ; j'eus recours à la mitraille. Un jour, soixante-neuf furent frappés de la foudre sur la place Brotteaux ; le lendemain, cent neuf y passèrent à leur tour. Je jurai que le Midi serait purifié, qu'il n'y resterait que des patriotes, ou que je mourrais à Lyon ; et j'ai tenu mon serment. Six mille victimes m'ont suffi pour régénérer la ville. »

Les proconsuls de Toulon :

« Vous avez ordonné que les maisons de l'intérieur de cette ville seraient rasées ; elles sont rasées. La mitraille nous a délivrés de plus de douze cents Toulonnais. Tout ce qui se trouvait dans Toulon d'employés à la marine, dans l'armée, à l'administration navale et militaire, a été fusillé [1]. La baïonnette de la liberté et la mitraille de l'égalité ont fait justice des rebelles [2]. »

— « C'est bien, je suis contente de vous ; donnons notre cœur à la joie, célébrons aujourd'hui la fête de l'Être-Suprême. Demain, demain, en

---

[1] Lettre de Barras et Ricord, du 4 janvier 1794.
[2] Lettre de Brutus (Napoléon) Bonaparte.

reprenant nos travaux. nous frapperons avec une nouvelle ardeur sur tous les ennemis de la patrie [1]. »

Sans doute que ces massacres n'atteignirent que les classes élevées de la société. le peuple fut épargné !

Il fut épargné ! Ecoutez : il vint un jour où la récolte périssait sur pied faute de bras pour la recueillir. La Convention trembla pour elle-même, elle craignit la famine, et. par un décret du 9 juillet 1794. elle ordonna la mise en liberté, non pas définitive, car elle ne renonçait pas à ses projets d'extermination. mais la mise en liberté provisoire des laboureurs, manouvriers. moissonneurs, brassiers et artisans de profession des campagnes, bourgs ou communes, dont la population était au-dessous de douze cents habitants, et qui se trouvaient détenus comme suspects. L'arrestation fut maintenue pour les ouvriers des villes, dont la population excédait le nombre d'habitants fixé, parce qu'on pouvait se passer de leurs bras pour faire la récolte.

Enfin le peuple sortit de sa léthargie, et la na-

[1] Robespierre au Champ-de-Mars.

tion fut purgée d'une partie des monstres qui l'opprimaient. On crut un moment que le peuple serait investi de ses droits de souverain. Il ne devait pas en être ainsi.

La Convention a proclamé la république ; le peuple n'en veut pas. il attend les nouvelles élections pour relever le trône et compter avec les tyrans qui l'ont si cruellement opprimé. La Convention veut sauver à tout prix le gouvernement qu'elle a fondé ; elle veut se mettre à l'abri de la colère nationale, et elle a recours à un escamotage;.... elle écrit dans la Constitution. dont elle dote la France, que les deux tiers de ses membres feront nécessairement partie de la nouvelle législature. Le peuple indigné se soulève ; Napoléon vient au secours de la Convention avec son artillerie, et le peuple est foudroyé par la mitraille sur les marches de Saint-Roch. Voilà la part de souveraineté que lui firent la Convention et Bonaparte.

IV.

DIRECTOIRE EXÉCUTIF.

Le Directoire proclama aussi la souveraineté du peuple ; mais il y fut fidèle comme l'Assemblée nationale et la Convention.

Si le peuple est souverain, il est évident qu'il est libre de donner ses suffrages à celui qui lui paraît le plus digne de sa confiance, et que nul n'a le droit de lui demander raison de ses préférences ; il est évident qu'il n'appartient qu'à lui de déterminer la forme de gouvernement qu'il lui convient d'adopter. sans que cette prérogative puisse être sujette à aucune restriction. Cependant, sous prétexte que quarante-huit départements, plus de la moitié de la France, ont donné leurs suffrages à des royalistes, le Directoire assiége le Corps législatif, fait annuler les élections, enlève les représentants élus, et les fait déporter sur le sol insalubre et dévorant de la Guiane, où la plupart trouvèrent la mort; et chaque année il interprète de la même manière la souveraineté du peuple.

V.

NAPOLÉON.

Napoléon succède au Directoire. Comme les gouvernements qui l'ont précédé. il s'incline devant la souveraineté du peuple. invoque ce principe. s'en déclare le défenseur; mais c'est encore pour confisquer à son profit cette souveraineté, et couvrir le vice d'une nouvelle usurpation.

Qu'il me soit permis, et les circonstances dans lesquelles nous nous trouvons m'en font un devoir, d'entrer ici dans quelques détails, afin de rappeler à ceux qui affectent de l'avoir oubliée, la véritable origine de l'héritage qu'ils revendiquent, et de montrer au peuple comment se font les révolutions napoléoniennes.

Mais d'abord il convient d'exposer la situation intérieure de la France, à l'époque du 18 brumaire.

Quatre partis divers se disputaient le pouvoir. 1° Le parti royaliste, que je devrais appeler plutôt le parti national, car il embrassait l'immense majorité de la nation; 2° le Corps législatif; 3° le Directoire exécutif; 4° le parti des républicains modérés.

Fatigué de révolutions, de misères et de tyrannies, le peuple demandait le rétablissement de la monarchie. Plus d'une fois, il avait manifesté ses vœux. Les campagnes dépeuplées par les guerres continuelles de la République, les villes industrielles ruinées par l'anéantissement du commerce national, voulaient en finir avec une forme de gouvernement qui n'avait su qu'accumuler malheurs sur malheurs, et faire la misère de tous. Déjà les élections de l'an 5 avaient donné une forte majorité à la cause royaliste, et chaque année, malgré le soin du Directoire d'éliminer les représentants suspects de royalisme, cette cause prenait une nouvelle consistance: de sorte que l'on voyait apparaître, dans un avenir très-prochain, le jour où les élections générales relèveraient enfin le trône séculaire et bienfaisant de nos rois.

Le conseil des Anciens, composé presque en entier de conventionnels et de régicides, n'envisageait pas sans terreur les progrès d'un mouvement de jour en jour plus formidable. Il s'alarma pour ses richesses, qui lui avaient coûté tant de crimes. Il se crut perdu si les Bourbons étaient rappelés. Le danger était pressant : la Vendée s'armait en masse ; la chouannerie, de nouveau organisée, étendait ses progrès jusqu'aux portes de Versailles ; le Morbihan, le Maine, la rive droite de la Loire, la haute Bretagne, la Normandie et vingt départements méridionaux, étaient en feu, et, pour compliquer la situation, le jour des élections générales avançait à grands pas.

Tout le Corps législatif avait d'ailleurs à lutter contre le Directoire. Honteux de l'asservissement où il les tenait, les deux Conseils s'étaient décidés à secouer le joug humiliant qu'il faisait peser sur eux. Ils avaient à cœur surtout de se venger du coup de main du 18 fructidor. Ils avaient découvert les secrètes menées du Directoire pour renverser la

représentation nationale et arriver à la dictature.
« Il se prépare un coup de main, disait Briot;
mais si le Corps législatif est comprimé dans sa
pensée, dans ses opinions, dans l'opinion générale, il faut que le peuple vienne à notre secours,
et, quand nous n'aurons plus ni liberté ni indépendance, il faut qu'il se lève et qu'il se sauve lui-
même. »

Mais si les deux Conseils luttaient de concert
pour résister au Directoire, ils marchaient dans
des vues différentes sur les autres points. Le conseil des Cinq-Cents, moins compromis que le conseil des Anciens, redoutait moins aussi le ressen-
timent du peuple et inclinait pour la forme démo-
cratique. Le conseil des Anciens voyait avec effroi
le réveil de la nation, et il était résolu de se débarrasser à tout prix du suffrage universel.

Le Directoire, menacé par les deux Conseils,
l'était encore bien plus par les royalistes; il s'élevait de toutes parts contre lui les plus vives récriminations : on lui reprochait la ruine des finances,
la dilapidation du trésor, et de laisser en souffrance
tous les services; de conserver, malgré la réprobation générale, les plus impudents dilapidateurs,

un Rapinat, un Rivaud, un Trouvé, un Fraypoult, qui, après avoir exaspéré les alliés par leurs concussions, s'étaient repliés sur les départements, où ils portaient la consternation et la terreur. On l'accusait d'avoir destitué et mis en jugement les meilleurs généraux, pour les remplacer par ce qu'il y avait de plus incapable dans l'armée, et on faisait peser sur lui la responsabilité des désastres des dernières campagnes.

Trop faible pour résister à tant d'ennemis ligués contre lui, il fit appel à tout ce qui restait de montagnards et de Jacobins, et à sa voix ils accoururent de tous les points de la France.

Leur premier soin fut de reconstituer les clubs sur l'ancien pied. Un grand nombre de représentants prirent part à leurs séances; on fit revivre les doctrines de Babœuf, on parla de relever les échafauds, de remettre encore une fois la terreur à l'ordre du jour.

Les Jacobins, à la vérité, n'étaient pas très-nombreux; mais, hommes d'action et d'énergie pour la plupart, marchant avec ensemble, poursuivant un même but, ils suppléaient à leur petit nombre par leur audace et l'effroi qu'ils inspiraient.

En dehors de ces partis, il existait ce qu'on appelait alors le parti des républicains modérés. Sans tenir compte des terribles leçons qu'il avait reçues, il poursuivait toujours le rève d'une république sage et intelligente, fondée sur les lois et sur la représentation nationale. Moins entreprenant, mais plus nombreux que le parti jacobin, également hostile aux deux Conseils, au Directoire et aux royalistes, formant presque à lui seul la garde nationale de Paris, il eût pu se donner une certaine influence, s'il eût su profiter de ses avantages; mais il se tenait dans la réserve, attendant, pour se mettre en scène, que les autres partis se fussent assez affaiblis.

Cette situation eut pour résultat de grandir l'importance de l'armée et de lui donner une influence politique qu'elle n'avait jamais eue et qu'elle ne devait pas avoir. Il devint évident qu'elle tenait en ses mains le sort de la France, qu'elle assurerait la victoire au parti dont elle embrasserait les intérêts; et chacun d'eux chercha à se concilier quelque général qui pût lui amener ce puissant renfort.

C'est dans ces circonstances que Bonaparte revint de son expédition d'Égypte. Son entrée à Paris fut un véritable triomphe : on lui donna, dans l'église Saint-Sulpice, une fête de sept cent cinquante couverts, à laquelle beaucoup de députés voulurent prendre part. Comme il l'a dit lui-même, tous les partis allèrent à lui, lui confièrent leurs desseins, lui dévoilèrent leurs secrets, et lui demandèrent son appui : mais ce qu'il n'a eu garde d'avouer, c'est qu'il n'en repoussa aucun, et qu'il fit entrevoir à tous qu'ils pourraient compter sur lui. Chacun d'eux se laissa aller à cette illusion : les royalistes, parce qu'ils ne pouvaient supposer capable d'asservir la France, celui qui l'avait si bien servie jusque-là ; les républicains modérés, parce qu'il avait établi des républiques régulières dans plusieurs États d'Italie ; les Jacobins, parce qu'il avait été disgracié et mis en demi-solde par la Convention elle-même, à cause de ses principes montagnards, et qu'il avait revendiqué la solidarité des massacres de Toulon ; le conseil des Anciens, parce qu'il avait surpris le secret des desseins du général, et qu'il était décidé à les seconder.

Depuis longtemps Napoléon nourrissait le projet de s'emparer de la souveraine autorité. « Des côtes de l'Égypte, dit un historien, ses regards se tournaient vers la France, comme sur une proie qu'il était temps enfin de conquérir. » Pendant son absence, ses frères et ses amis avaient tout mis en œuvre pour lui concilier les esprits; on le présentait comme le seul homme capable de briser l'autorité avilie du Directoire, d'assurer la liberté, de comprimer l'anarchie, de calmer les irritations intestines, d'étouffer les factions, de procurer la paix extérieure, de ranimer la confiance, de rendre au commerce tout son éclat, et de relever la France de l'état d'abaissement où de désastreuses campagnes l'avaient fait tomber.

Ces insinuations lui gagnèrent un grand nombre d'esprits, surtout dans cette partie incorrigible de la société qui, plaçant les intérêts matériels du moment au-dessus des intérêts moraux, est toujours disposée à faire le sacrifice des principes les plus essentiels, fait bon marché de l'avenir, pourvu qu'on lui assure le moment actuel et qu'elle puisse espérer quelques jours de répit, au risque de creuser plus profondément l'abîme dans lequel elle court se précipiter.

Lucien Bonaparte avait travaillé le conseil des Cinq-Cents. Porté au fauteuil de la présidence, il profita de sa position pour gagner à son frère plusieurs représentants. Napoléon avait de son côté de nombreux partisans dans l'armée; ses brillantes campagnes d'Italie lui avaient attiré la confiance du soldat: plusieurs des chefs, séduits par ses promesses, s'engagèrent à le seconder. Lefèvre et Berthier lui assurèrent les dispositions de l'armée et des grenadiers du Corps législatif. Sébastiani, Murat, Leclerc, se joignirent à eux: Bernadote fut inébranlable.

« Général, répondit-il aux propositions de Bonaparte, je conçois la liberté autrement, et votre plan la tue.

— « En ce cas, puisque vous avez mon secret, vous ne sortirez pas d'ici.

— « Je ne veux pas être en arrestation.

— « Donnez-moi donc votre parole d'honneur que vous n'avez rien entendu. »

Il la donna, et il fut libre de se retirer.

Sieyès connut toutes ces menées, et il en conçut un favorable augure pour les intérêts du conseil des Anciens. C'était, en effet, une bonne fortune pour ce Conseil que l'ambition d'un homme qui, disposant de pareilles forces, venait se mettre en travers du parti royaliste. Sieyès le comprit, et il ouvrit les conférences avec le général.

Bonaparte connaissait sa valeur, il connaissait aussi le besoin que le Conseil avait de lui, et ses exigences en accrurent d'autant. Cependant il consentit à associer Sieyès et Roger-Ducos au pouvoir qu'il se réservait. En échange du concours que lui prêtait le conseil des Anciens, il promit de faire entrer la plupart de ses membres au nouveau sénat, de dédommager les autres par les plus hautes fonctions de l'État, et de garantir à tous l'impunité et la sûreté de leurs personnes et de leurs richesses.

Le marché conclu, on organisa le nouveau gouvernement.

On convint de substituer au Directoire un consulat, composé de Sieyès, Roger-Ducos et Napoléon Bonaparte; de remplacer le conseil des Anciens par un sénat; et, comme on savait que le peuple voulait toute autre chose, on résolut de l'empêcher de manifester sa volonté, en le dépouillant du droit de nommer ses représentants.

Mais que d'obstacles, que de résistances ne devait pas rencontrer un pareil projet, de la part des membres des deux Conseils qui n'étaient pas entrés dans la conspiration, de la part du Directoire, de la part des républicains modérés, et surtout de la part du peuple! N'était-il pas à craindre que tous les partis ne s'unissent pour combattre un complot dont le succès ruinerait leurs espérances au moment où elles semblaient se réaliser? N'était-il pas à craindre que le peuple ne se levât comme un seul homme, pour défendre ses droits, sa liberté et la représentation nationale?

On espéra venir facilement à bout du Directoire. Sieyès et Roger-Ducos faisaient partie du complot, Barras avait perdu toute son influence, Moulin n'avait aucune énergie, Gohier s'occupait moins des affaires publiques que des plaisirs de la table. C'était d'ailleurs un homme sans aptitude et sans caractère. On crut qu'il serait facile de leur arracher leur démission par l'intimidation, et il fut convenu qu'on s'assurerait de la personne de ceux qui la refuseraient.

Il paraissait plus difficile de triompher du conseil des Cinq-Cents. On avait cependant besoin de sa coopération. Les conjurés n'avaient que trois moyens de fonder le gouvernement qu'ils voulaient substituer à l'ancien.

Le premier, c'était de l'imposer au peuple par la force; mais ils n'étaient pas encore en mesure, et ils craignaient qu'un soulèvement général ne vînt compliquer une situation que le soulèvement en masse de la Vendée et d'une partie du Midi avait déjà rendue si difficile.

Le second moyen, c'était un appel au peuple, et de recourir à des élections générales; mais c'était ruiner le complot de fond en comble, et travailler au contraire dans l'intérêt des royalistes.

Le troisième moyen, c'était d'obtenir la coopération du Corps législatif. On pouvait compter sans doute sur le conseil des Anciens; mais quoique Napoléon eût de nombreux partisans au conseil des Cinq-Cents, pouvait-on supposer que ce Conseil consentirait à se suicider? Et on lui demandait un véritable suicide.

Il fallait cependant vaincre cette résistance, ou renoncer aux beaux rêves que l'on avait caressés. Toutes les séductions ayant échoué, on résolut de briser l'obstacle. Mais était-il prudent de porter atteinte au Corps législatif, au milieu d'une population immense et d'une garde nationale de plus de deux cent mille hommes, qui n'auraient pas manqué de courir à sa défense, au premier signal du danger?

La Constitution donnait au conseil des Anciens le droit de transporter hors de Paris le Corps législatif, lorsque les circonstances l'exigeraient. On prit le parti de recourir à cette mesure, de l'isoler de la capitale et de l'attirer dans un coupe-gorge. Il s'agissait seulement de trouver des motifs ou plutôt des prétextes, pour expliquer une translation. Cornet, membre de la commission des inspecteurs du Corps législatif, fut chargé de faire naître au conseil des Anciens, dans une séance extraordinaire, à laquelle ne seraient pas invités les membres suspects, des craintes sur la sûreté et la liberté de la représentation nationale. Immédiatement, Regnier devait proposer la translation, et demander que Bonaparte fût chargé de l'exécution de cette mesure, et du commandement de toutes les forces militaires de la division.

La translation opérée, il fut convenu que le Corps législatif serait aussitôt environné de troupes et mis pour ainsi dire en état d'arrestation ; qu'à un signal donné par Lucien Bonaparte, les troupes pénétreraient dans la salle des Cinq-Cents, et la feraient évacuer; qu'on s'assurerait de la personne de soixante-un membres dont on redoutait l'influence.

Quoique la dissolution du Corps législatif fût résolue, on décida qu'elle ne serait pas immédiate, qu'on se contenterait d'abord de son ajournement à trois mois, et qu'on lui laisserait ainsi l'espoir de revenir un jour; mais qu'avant de se séparer, on lui ferait abolir le Directoire, créer une commission consulaire, composée des trois chefs de la conjuration, et nommer une commission à laquelle chaque Conseil délèguerait une partie de ses pouvoirs.

Ces deux obstacles levés, il restait à se précautionner contre un soulèvement général du peuple et contre l'exaspération des partis et de la garde nationale. Napoléon était, à cet égard, dans la position la plus heureuse. Comme il n'avait repoussé aucune des propositions qui lui avaient été faites par les divers partis, il pouvait laisser entrevoir à chacun qu'il agissait dans son intérêt. Il suffisait pour cela de tenir secret le but réel du coup de main, et de donner satisfaction à tous par des proclamations vagues et ambiguës qui n'engagent à rien, et dans lesquelles chacun croit cependant trouver son compte et le germe de ses desseins.

Ce plan convenu, on mit la main à l'œuvre. Le 18 brumaire, le conseil des Anciens est réuni en séance extraordinaire à sept heures du matin, sur la convocation de la commission des inspecteurs. Cornet monte à la tribune, et s'exprime ainsi au nom de cette commission.

« Citoyens représentants, il n'y a plus de corps politiques, il n'y a plus de liberté, il n'y a plus de République. Les symptômes les plus alarmants se manifestent depuis quelques jours ; les rapports les plus sinistres nous sont faits. Votre commission sait que les conjurés se rendent en masse à Paris ; que ceux qui s'y trouvent déjà n'attendent qu'un signal pour lever leurs poignards sur les représentants du peuple, sur les membres des premières autorités de la République. Si, par de prompts secours, le conseil des Anciens ne met pas la patrie et la liberté à l'abri des plus grands dangers qu'elle ait encore courus, l'embrasement devient général... Si l'on tarde, on ne pourra plus en arrêter les dévorants effets... La patrie sera consumée... Représentants du peuple, prévenez cet affreux incendie, où la République cessera d'être, et son squelette sera entre les mains de vautours qui s'en disputeront les membres décharnés. »

Quels étaient ces conjurés qui se rendaient à Paris? A quel parti appartenaient-ils? Quelles mains étaient armées de poignards? Qui allumait les torches incendiaires destinées à l'embrasement général? C'eût été en demander beaucoup trop à l'orateur que d'exiger une réponse à ces questions. Il devait faire naître des craintes générales, attaquer vaguement des conspirateurs, mais n'en signaler aucun, afin de mettre tous les partis en défiance les uns à l'égard des autres; afin que chacun tremblât pour soi, que nul ne sût où était le danger, et que tous se crussent également intéressés à la mesure que l'on devait proposer. L'essentiel était de jeter l'alarme dans tous les camps, de faire trembler pour leurs jours et leur sûreté les deux Conseils et le Directoire.

Cornet eut un plein succès ; l'effroi se peignait sur le visage des représentants : les initiés l'augmentaient par leurs terreurs affectées. Le terrain était prêt, le fer assez chaud : Regnier saisit le moment. Il propose de décréter la translation du Corps législatif dans la commune de Saint-Cloud, pour le lendemain ; de charger le général Bonaparte de l'exécution de ce décret ; de mettre à sa disposition, et sous son commandement, toutes les forces militaires de la dix-septième division ; en d'autres termes, de lui livrer la proie bien et dûment garrottée, et de faire l'adresse suivante aux Français.

« Le conseil des Anciens use du droit qui lui est délégué par l'article 102 de la Constitution, de changer la résidence du Corps législatif. — Il use de ce droit pour enchaîner les factions qui prétendent subjuguer la représentation nationale, et pour rendre la paix intérieure. — Français, les résultats de cette journée feront bientôt foi si le Corps législatif est digne de préparer votre bonheur, et s'il le peut. — Vive le peuple ! par qui et en qui est la République. »

Cette proposition est décrétée.

Le pouvoir que ce décret confiait à Napoléon était inouï. Il était à craindre que le peuple ne prît les armes, que la garde nationale n'entourât les représentants de la France et ne refusât de se séparer d'eux. On comprit la nécessité de rassurer les esprits par une déclaration de Bonaparte. Il est introduit à la barre, et il s'exprime ainsi :

« Citoyens représentants, la République périssait, vous l'avez su, et votre décret vient de la sauver. Malheur à ceux qui voudraient le trouble et le désordre ! je les arrêterais, aidé de mes compagnons d'armes. — Qu'on ne cherche pas dans le passé des exemples qui pourraient retarder votre marche ! Rien dans l'histoire ne ressemble à la fin du dix-huitième siècle. — Rien à la fin du dix-huitième siècle ne ressemble au moment actuel. — Nous voulons une république fondée sur la liberté civile, sur la représentation nationale ; nous l'aurons... je le jure. Je le jure en mon nom et en celui de mes compagnons d'armes ! »

Quel parti pouvait s'alarmer d'une profession de foi qui garantissait la république aux républicains, la représentation nationale aux royalistes et la liberté civile à tous. Sans doute elle était menaçante pour ceux qui auraient voulu le trouble et le désordre ; mais pour tous les partis, ceux qui veulent le trouble et le désordre, ce sont les partis contraires. Nul ne pouvait donc se plaindre d'une mesure qui ne semblait blesser en rien ses intérêts, et semblait au contraire lui promettre satisfaction.

Il fallait cependant sortir de cette ligne oblique et ambiguë. Napoléon connaissait les dispositions de la France pour le Directoire et les terroristes, il savait que ce serait acquérir des droits à la reconnaissance publique, que d'en purger le pays; que par conséquent il n'avait aucun ménagement à garder à leur égard.

Toutefois, avant de rien entreprendre, il crut prudent de sonder les dispositions du peuple, et il fit placarder sur les murs de Paris cette proclamation à l'adresse du Directoire : « La République est mal gouvernée depuis deux ans; vous avez espéré que mon retour mettrait un terme à tant de maux; vous l'avez célébré avec une union qui m'impose des obligations que je remplis. — La liberté, la victoire et la paix replaceront la République française au rang qu'elle occupait et que l'ineptie ou la trahison a pu seule lui faire perdre. — Vive la République! »

Le matin, on s'alarmait pour les jours des directeurs que l'on disait menacés par le poignard des assassins. Le soir, le général Bonaparte appelle sur eux l'indignation publique, en les dénonçant comme traîtres à la patrie!...

Les esprits ainsi préparés, il cerne le Luxembourg, fait demander aux directeurs leur démission, en faisant observer que toute résistance deviendrait inutile. Sieyès et Royer-Ducos se sont déjà rendus au conseil; Barras promet d'envoyer sa démission le lendemain; les deux autres sont mis en état de surveillance; toutes les municipalités de Paris sont immédiatement destituées et remplacées par des complices.

On a ordonné la translation du Corps législatif à Saint-Cloud, parce que sa liberté était menacée à Paris, où elle était cependant protégée par une immense population et une garde nationale de deux cent mille hommes. Suivons-le à sa nouvelle résidence, et nous verrons comment cette liberté sera respectée.

Le 19 brumaire, le conseil des Cinq-Cents se réunit dans l'orangerie de Saint-Cloud. La séance est ouverte; Gaudin s'étonne d'un déplacement que rien ne lui semble justifier; il demande des explications sur la véritable cause de cette translation, qui devrait être motivée sur des dangers imminents, dont il n'a aucune connaissance, et il propose de créer une commission qui sera chargée de faire, séance tenante, un rapport sur la situation de la République et sur les mesures de salut public qu'il conviendrait de prendre.

Delbret parle d'un complot qui serait préparé, d'un projet de dictature; plusieurs voix s'écrient : *Point de dictature! à bas les dictateurs!* La susceptibilité de Lucien Bonaparte, président du Conseil, s'offense de ces cris, et il déclare « qu'il sent trop la dignité du Conseil pour soutenir plus longtemps les menaces insolentes d'une partie des orateurs, et qu'il les rappelle à l'ordre. » Ces paroles rassurent peu de monde. On demande que chaque représentant renouvelle le serment de fidélité à la Constitution; il est prêté par tous les membres.

Le général Bonaparte en est instruit, et il pénètre dans l'enceinte, suivi de quatre grenadiers. On aperçoit d'autres grenadiers et des officiers généraux à la porte d'entrée. L'Assemblée se lève en masse et proteste contre cette violation de sa liberté. Le général est repoussé ; on crie : « *Hors la loi ! hors la loi ! à bas le dictateur !* Ses grenadiers l'entraînent.

Bertrand du Calvados monte à la tribune. « Le conseil des Anciens, dit-il, avait le droit d'ordonner le changement de résidence du Corps législatif, mais non celui de nommer un général commandant en chef. Je demande que vous commenciez par décréter que le général Bonaparte n'est pas le commandant des grenadiers qui composent votre garde. » — « Eh quoi ! ajoute Talot, nous représentons le peuple français, et c'est dans un village, entouré d'une force armée considérable, dont nous ne disposons pas, qu'on veut que nous délibérions ! »

A ces mots, Lucien Bonaparte se dépouille de son costume de président, et descend de la tribune. C'était le signal convenu. Un peloton de grenadiers, commandé par un officier, entre, l'arme portée, arrive jusqu'à Lucien, l'enlève, le conduit dans ses rangs hors de la salle. Les représentants protestent avec indignation : l'officier répond : « C'est au nom de notre général. »

Il était à craindre que le conseil des Cinq-Cents

ne mit le temps à profit pour prendre les mesures énergiques que les circonstances commandaient, qu'il ne prononçât le terrible *hors la loi* contre le général Bonaparte, et il était urgent de se prémunir contre toute délibération de cette nature. Lucien ne trouva d'autre moyen que de faire envahir la salle par les grenadiers, et d'organiser autour de lui une espèce de conciliabule composé des représentants dévoués à son frère, et auquel il donnerait le nom de conseil des Cinq-Cents. Mais il fallait dégager ces représentants du milieu de leurs confrères, et empêcher ceux-ci de tenir leur séance. Lucien, peu scrupuleux sur les moyens, a recours à une calomnie qui pouvait amener un horrible massacre.

Il monte à cheval au milieu du corps des grenadiers, commande le silence par un roulement de tambours, et adresse aux soldats cette atroce harangue :

« Citoyens, le président du conseil des Cinq-Cents vous déclare que l'immense majorité de ce Conseil est dans ce moment sous la terreur de quelques représentants à stylets, qui assiégent la tribune, présentent la mort à leurs collègues, et enlèvent les délibérations les plus affreuses.

« Je vous déclare que ces audacieux brigands, sans doute soldés par l'Angleterre (on ne s'attendait pas à voir Ulysse en cette fable; la calomnie trouvera du reste de l'écho), se sont mis en rébellion contre le conseil des Anciens, et ont osé parler de mettre hors la loi le général chargé de l'exécution de son décret, comme si nous étions encore à ce temps affreux de leur règne, où ce mot *hors la loi* suffisait pour faire tomber les têtes les plus chères à la patrie.

« Je vous déclare que ce petit nombre de furieux se sont mis eux-mêmes hors la loi par leurs attentats contre la liberté de ce Conseil. Au nom de ce peuple qui, depuis tant d'années, est le jouet de ces misérables enfants de la terreur, je confie aux grenadiers le soin de délivrer la majorité de leurs représentants, afin que, délivrée des stylets par les baïonnettes, elle puisse délibérer sur le sort de la patrie.

« Général, et vous soldats, et vous tous, citoyens, vous ne reconnaîtrez pour législateurs de la France que ceux qui vont se rendre auprès de moi. Quant à ceux qui resteraient dans l'Orangerie, que la force les expulse ! Ces brigands ne sont plus les représentants du peuple, mais les représentants du poignard... Que ce titre leur reste... qu'il les suive partout... et, lorsqu'ils oseront se montrer au peuple, que tous les doigts les désignent sous ce nom mérité, de représentants du poignard. »

L'ordre donné est exécuté. Un corps de grenadiers du Corps législatif pénètre dans l'Orangerie, les tambours battant la charge et l'arme au bras. Un chef de brigade s'écrie : « Citoyens représentants, on ne répond plus de la sûreté du Conseil ; je vous invite à vous retirer. » « Représentants, retirez-vous, ajoute un autre officier, le général a donné des ordres. » Les représentants restent à leur poste ; le cri, « Grenadiers, en avant, » se fait entendre, et la salle est évacuée au bruit du tambour.

Allons maintenant au conseil des Anciens.

Bien que la majorité de ce Conseil fût entrée dans la conspiration, une vive opposition s'y faisait cependant remarquer. Dès l'ouverture de la séance, Savary, Guyomard et plusieurs autres membres se plaignent de n'avoir pas été convoqués pour la séance à laquelle le déplacement a été ordonné. Ils veulent connaître les motifs de cette mesure que rien ne leur semble justifier, on revient au thème de la veille. On parle encore des dangers que courait à Paris le Corps législatif. «On m'a rapporté, répond Guyomard, que dans cette séance on avait voulu faire des observations; que la liberté des opinions avait été, sinon violée, du moins étouffée. La commission a dit hier que la liberté du Corps législatif était menacée; je ne me suis point aperçu que, dans aucune de nos dernières séances, nous ayons été gênés dans nos opinions. La translation a donc été déterminée par d'autres motifs, et je demande qu'on nous les fasse connaître. »

C'est précisément ce qu'on ne voulait pas faire. Le Conseil, pour toute réponse, arrête qu'il suspendra toute délibération, jusqu'à ce qu'il ait été instruit officiellement de la réunion du conseil des Cinq-Cents dans la commune de Saint-Cloud.

On apprend bientôt le coup de main dont le conseil des Cinq-Cents a été l'objet. Les membres qui n'étaient pas entrés dans le complot, s'indignent. On ne doute pas que Napoléon ne veuille, à l'exemple de César et de Cromwell, établir un gouvernement militaire sur les ruines de la République et de la représentation nationale; on propose de le mettre *hors la loi*. Il est averti que l'opposition gagne du terrain. Il fait avancer ses grenadiers et se présente à la barre.

« Vous n'êtes point, dit-il, dans des circonstances ordinaires. Vous êtes sur un volcan.

« On parle d'un nouveau César, d'un nouveau Cromwell; on répand que je veux établir un gouvernement militaire. Si j'avais voulu opprimer la liberté de mon pays, si j'avais voulu usurper l'autorité suprême, je ne me serais point rendu aux ordres que vous m'avez donnés, je n'aurais pas eu besoin de recevoir cette autorité du Sénat. Plus d'une fois, et dans des circonstances extrèmement favorables, j'ai été appelé à la prendre. Après nos triomphes en Italie, j'y ai été appelé par le vœu de la nation, j'y ai été appelé par le vœu de mes camarades. Les dangers sont pressants; le mal s'accroît; évitons de perdre ces deux choses pour lesquelles nous avons fait tant de sacrifices, *la Liberté et l'Égalité*.

. . . .

« Vous ne voyez pas en moi un misérable intri-

gant qui se couvre d'un masque hypocrite ; j'ai fait
mes preuves de dévoûment à la République, et
toute dissimulation m'est inutile... Je vous déclare
qu'aussitôt que les dangers, qui m'ont fait confier
les pouvoirs extraordinaires, seront passés, j'ab-
diquerai ces pouvoirs. Je ne veux être, à l'égard
de la magistrature que vous aurez nommée, que
le bras qui la soutiendra et fera exécuter ses or-
dres.   .   .   .   .

« Je ne vous le cache pas, en prenant le commandement, je n'ai compté que sur le conseil
des Anciens. Je n'ai point compté sur le conseil
des Cinq-Cents, où se trouvent des hommes qui
voudraient nous rendre la Convention, les comités
révolutionnaires et les échafauds ; sur le conseil
des Cinq-Cents, d'où viennent de partir des émissaires chargés d'aller organiser un mouvement à
Paris. Que ces projets criminels ne vous effraient
pas ! Environné de mes frères d'armes, je saurai
vous en préserver ; j'en atteste votre courage, vous,
mes braves camarades ; vous, aux yeux de qui l'on
voudrait me peindre comme un ennemi de la liberté ; vous, grenadiers, dont j'aperçois les bon-
nets ; vous, braves soldats, dont j'aperçois les

baïonnettes, que j'ai fait si souvent tourner à la honte de l'ennemi, à l'humiliation des rois, que j'ai employées à fonder des républiques. Et si quelque orateur, payé par l'étranger (Ulysse revient), parlait de me mettre hors la loi, qu'il prenne garde de ne pas porter cet arrêt contre lui-même.

« Puisqu'il est reconnu que la Constitution ne peut sauver la République, hâtez-vous de prendre des moyens de la retirer du danger. »

L'invitation était pressante; on se hâta. La menace produisit tout son effet : aucun orateur ne parla de mettre le général hors la loi. Le Conseil apercevait aussi les casques et les baïonnettes des grenadiers, et il obéit.

Le conseil des Cinq-Cents était dissous par le fait; on avait cependant encore besoin de lui pour donner quelque ombre de légalité aux nouvelles institutions. Il fallait d'ailleurs calmer son irritation, et empêcher les députés d'aller porter dans les départements l'exaspération qui les animait.

On chercha à faire la paix, à le ramener à l'Orangerie. Cabanis, Boulay de la Meurthe, Fouché, Rœderer, Réal, Cornudet, se mirent en mouvement. Sept heures furent employées en intrigues, en marches et en contre-marches. On parvint enfin à l'adoucir; on lui persuada qu'on n'avait pas voulu le dissoudre. On lui fit croire à la réalité des dangers dont on l'avait menacé. Enfin, à force de promesses et de séductions, il consentit à rentrer en séance, à neuf heures du soir.

Son premier acte fut de décréter que le général Bonaparte, les généraux et les troupes sous ses ordres avaient bien mérité de la patrie. Le second fut la suppression du Directoire exécutif, l'expulsion des soixante-un membres, qu'on lui signala comme les auteurs des attentats et des excès qu'on lui disait qu'il avait éprouvés le matin. Le troisième fut de créer provisoirement une commission consulaire exécutive, composée des citoyens Sieyès, Roger-Ducos et Napoléon Bonaparte, qui porteraient le titre de consuls de la République, et qui seraient investis de la plénitude du pouvoir directorial, et spécialement chargés d'organiser l'ordre dans toutes les parties de l'administration, de rétablir la tranquillité intérieure, et de procurer une paix honorable et solide.

Enfin, on le détermina à s'ajourner au 1er ventôse suivant, et à décréter que chaque Conseil nommerait dans son sein une commission de vingt-cinq membres, pour délibérer sur les objets urgents de police, de législation et de finances, et préparer les changements à porter à la Constitution.

Cette résolution fut présentée, à une heure du matin, à l'approbation du conseil des Anciens. Le courageux Guyomard monte à la tribune. « Je dois, dit-il, l'expression franche de toute ma pensée : l'art. 45 de la Constitution interdit impérieusement au Corps législatif de déléguer tout ou partie de ses pouvoirs. La résolution que l'on propose étant contraire au texte de cet article, je vote pour son rejet. »

Lemoine-Desforges demande à connaître le crime des soixante-un proscrits. « Je ne me rendrai pas, dit-il, le défenseur de ceux qui sont expulsés, mais je demande que les inculpés soient entendus. »

Vains efforts, on demande de toutes parts à aller aux voix, et sans rapport, sans discussion, on approuve la résolution. On procède à la nomination de la commission législative, et le Conseil s'ajourne immédiatement à trois mois.

A une heure du matin, un message vient annoncer cette approbation au conseil des Cinq-Cents. Une heure après, le tambour bat aux champs, les trois consuls entrent dans la salle, et répètent le serment que tous les membres venaient de prêter, « de fidélité inviolable à la souveraineté du peuple, à la république française une et indivisible, à l'égalité, à la liberté et au système représentatif. » Ils se retirent ; la commission des vingt-cinq est nommée, et à son tour, le conseil des Cinq-Cents s'ajourne à trois mois.

Cette révolution ne paraissait pas avoir l'importance qu'on sut lui donner ; tout se bornait à la substitution d'une commission consulaire, composée de trois membres, à un directoire composé de cinq ; les pouvoirs des trois consuls n'avaient pas plus d'étendue que ceux des cinq directeurs ; les deux commissions n'étaient pas investies de la plénitude de l'autorité législative ; leur mission se bornait, comme je l'ai dit, à statuer sur les objets urgents de police, de législation et de finances ; aucun des deux Conseils n'avait entendu leur donner la qualité de corps constituants ; elles

étaient seulement chargées de préparer les changements à porter à la Constitution, et non pas de
faire une constitution nouvelle. Le Corps législatif
se réservait d'y statuer lui-même. Il n'avait pas
entendu se dissoudre; jamais le conseil des Cinq-
Cents n'eût consenti à un pareil suicide, et le soin
qu'on avait eu d'expulser de son sein les soixante
et un membres qui faisaient ombrage, était bien
de nature à le rassurer sur sa conservation. A quoi
bon, en effet, opérer cette épuration, si la dissolution du Corps législatif était résolue? Répare-
t-on une maison quand on est décidé à la démolir?
Le Corps législatif croyait donc pouvoir compter
sur son retour au 1er ventôse.

Cependant ce retour ne devait pas avoir lieu.
Ce que Napoléon voulait avant tout, c'était **un**
Corps législatif soumis, obéissant; ce qu'il redoutait le plus, c'était une opposition, et le conseil
des Cinq-Cents, qui eût fait volontiers le sacrifice
de toutes les libertés publiques, de tous les droits
du peuple, se fût difficilement résolu à celui de
ses droits et de sa dignité. Il fallait donc prévenir
son retour, à quelque prix que ce fût. Recourir à
de nouvelles élections, c'eût été chose imprudente,

c'eût été ruiner ses espérances. On préféra ruiner la représentation nationale.

Le terrain était déblayé ; on mit la main à l'œuvre ; le temps était précieux, on se hâta de monter au capitole. Le 20 brumaire, les consuls prennent séance au Luxembourg ; les ministres sont remplacés ; Berthier reçoit le portefeuille de la guerre, qu'il s'était réservé ; chaque conjuré reçoit la récompense promise. Laplace est nommé ministre de l'intérieur ; Gaudin, ministre des finances ; Cambacérès, Fouché et Reinard, sont maintenus : le premier à la justice, le second à la police générale, le troisième aux affaires étrangères.

Cependant on s'occupe d'endormir le peuple et les divers partis, pendant qu'on prépare le coup fatal.

Le 20 brumaire, Napoléon fait afficher sur tous les points de la France l'adresse suivante :

« La Constitution de l'an III périssait ; elle n'avait su ni garantir vos droits, ni se garantir elle-même. Des atteintes multipliées lui ravissaient, sans retour, le respect du peuple ; des factions haineuses et cupides se partageaient la république. Les patriotes se sont entendus et réunis sous les bannières de la liberté. Français, la république raffermie accomplira ses glorieuses destinées. Prêtez avec nous le serment d'être fidèles à la république, une et indivisible, fondée sur l'égalité, la liberté et le système représentatif. »

Le 25 brumaire, on rédigea ainsi la formule du serment : « Je jure fidélité à la république française, une et indivisible, fondée sur la souveraineté du peuple, le système représentatif et le maintien de la liberté, l'égalité, la sûreté et la propriété. »

Tous les droits semblaient garantis par ces deux actes : propriété, sûreté, égalité, liberté, représentation nationale, souveraineté du peuple, république, tout était respecté. Le peuple était rassuré et devait l'être. Cependant, vingt-six jours après, au moment où personne ne pouvait supposer qu'il entrât dans l'esprit de quelqu'un de rédiger une constitution, Napoléon promulgua celle du 22 frimaire, qui abolissait la représentation nationale et lui conférait à lui-même la dictature.

Cette Constitution créait un Sénat conservateur composé de quatre-vingts membres inamovibles et à vie, nommés d'abord par les deux consuls sortants et les deux consuls adjoints à Bonaparte, et se recrutant ensuite lui-même sur la proposition du Corps législatif, du Tribunat et du premier consul, qui devaient présenter chacun un candidat.

Ce Sénat était chargé de maintenir et d'annuler tous les actes qui lui seraient déférés, comme inconstitutionnels, par le Tribunat ou par le gouvernement. Mais telle a été sa fidélité à cette mission, que, pendant tout le règne de Napoléon, il n'a trouvé aucun acte du pouvoir exécutif qui lui parût susceptible de censure, et qu'il a laissé passer inaperçus même les décrets qui créaient de nouveaux impôts ou prononçaient la peine de mort contre tout Français qui ne prendrait pas les armes pour la défense du despotisme. Prix du revient, 25.000 francs par sénateur.

Le pouvoir législatif était exercé par le Conseil d'État, chargé de préparer les projets de loi; le Tribunat chargé de les discuter, et une espèce de Corps législatif, dont la mission se bornait à adopter ou à rejeter les articles, sans aucune discussion de la part de ses membres. Mais l'initiative des lois appartenait exclusivement au gouvernement, qui avait le droit de retirer les projets en tout état de la discussion.

Le Tribunal était composé de cent membres nommés par le Sénat et renouvelés par cinquièmes tous les ans. Ses attributions consistaient à discuter les projets de lois, à en voter l'adoption ou le rejet, à déférer au Sénat, pour cause d'inconstitutionnalité seulement, les listes d'éligibles, les actes du Corps législatif et ceux du gouvernement. Il pouvait exprimer son vœu sur les lois faites et à faire, sur les abus à corriger, sur les améliorations à entreprendre dans toutes les parties de l'administration publique. Mais les vœux qu'il manifestait n'avaient aucune suite nécessaire, et n'obligeaient aucune autorité constituée à une délibération. Prix du revient, 15.000 fr. par tribun.

Le Corps législatif était composé de trois cents membres, nommés par le Sénat, sur une liste nationale qui devait être dressée par le peuple réuni en assemblées primaires. Sa mission consistait à faire la loi, en statuant au scrutin secret, et sans aucune discussion de la part de ses membres, sur les projets de loi débattus devant lui par les orateurs du Tribunat et du gouvernement. Prix du revient, 10,000 fr. par tête de législateur.

La Constitution créait trois consuls irresponsables, nommés d'abord pour cinq ans, avec des fonctions différentes.

Celles du premier consul consistaient à promulguer les lois, à nommer et à révoquer à volonté les membres du Conseil d'État, les magistrats, et tous les fonctionnaires publics.

Le Gouvernement, c'est-à-dire le premier consul, car tout le reste n'était rien (nous le verrons bientôt), avait pour mandat de proposer les lois et de faire les règlements nécessaires pour leur exécution; de diriger les recettes et les dépenses de l'État; de surveiller la fabrication des monnaies; de pourvoir à la sûreté intérieure et à la défense extérieure de l'État; de distribuer les forces de terre et de mer, et d'en régler la direction. S'il était informé qu'il se tramât quelque conspiration contre l'État, il pouvait décerner des mandats d'amener et des mandats d'arrêt contre les personnes qui en étaient présumées les auteurs ou les complices. Prix de revient, 500,000 francs.

Dans quelques actes du Gouvernement, le second et le troisième consul avaient voix consultative. Ils devaient signer les registres de ces actes pour constater leur présence, et s'ils le trouvaient à propos, y consigner leurs opinions; après quoi la décision du premier consul suffisait. Prix de revient, 15.000 francs par tête de consul.

Veut-on savoir maintenant en quoi consistait la représentation nationale? La Constitution va nous le dire.

Les citoyens de chaque arrondissement communal devaient désigner par leurs suffrages ceux d'entre eux qu'ils croyaient les plus propres à gérer les affaires publiques. Il en résultait une liste de confiance, contenant un nombre de noms égal au dixième du nombre des citoyens ayant droit d'y coopérer. Les citoyens, compris dans les listes communales d'un département, devaient désigner également un dixième d'entre eux pour former une liste départementale. Ceux portés dans la liste départementale devaient enfin désigner un dixième d'entre eux, et c'est sur cette dernière liste, ainsi élaborée et épurée, que le Sénat devait élire les législateurs.

Ainsi, dans un département composé de cinq arrondissements qui se divisent chacun en dix cantons, lesquels se fractionnent à leur tour en dix communes, qui comptent chacune trois cents

citoyens, chaque commune nommera trente citoyens. Les élus des diverses communes se réunissent au chef-lieu de canton, au nombre de trois
cents, et désignent à leur tour trente d'entre eux
pour former la liste départementale. Les trente
délégués des cinq arrondissements se réunissent
enfin au chef-lieu de département, au nombre de
cent cinquante, et dressent une liste de quinze,
sur laquelle le Sénat choisit les trois législateurs
du département; et ce corps législatif, ainsi formé
par le gouvernement lui-même, n'a aucune initiative, ne peut se livrer à aucune discussion, modi-
fier aucun projet, ajouter aucune disposition,
corriger ce qui lui paraît défectueux; il est placé
dans l'alternative ou de repousser la loi la plus ur-
gente, la plus utile, la plus nécessaire, ou de l'a-
dopter avec tous les vices qu'il y remarque, tous
les dangers qu'elle présente, et tous les abus
qu'elle fait naître.

C'est là toute la part que la Constitution faisait
à la représentation nationale, à la souveraineté du
peuple, que tant de serments avaient promis de
laisser intactes; c'est pour arriver à ce résultat que
la révolution du dix-huit brumaire avait été faite.

Nous avons eu diverses constitutions, toutes ont stipulé des droits pour le peuple, lui ont garanti des libertés, lui ont réservé quelque participation aux affaires publiques, l'ont protégé contre les envahissements du pouvoir. La charte octroyée, qui a fait naître tant de récriminations, proclamait la liberté civile, la liberté de la presse, la liberté religieuse, l'égalité devant la loi, l'admissibilité de tous les Français aux emplois publics, sans autres restrictions que celles que l'intérêt de l'ordre et de la morale exigeait, sans autre préférence que celle qui est naturellement due au mérite et à la vertu. Dans la Constitution de l'an VIII, on ne s'occupe que d'étendre le pouvoir exécutif, que d'ajouter à ses droits, que d'élever une dictature. Le peuple est traité en ennemi, en ennemi conquis dont on ne saurait trop restreindre les droits, et qu'on ne saurait charger d'assez de fers; on n'y dit pas un mot ni de la liberté de la presse, ni de la liberté de conscience, ni de la liberté civile; tout est livré à la merci du maître qu'on lui donne, et l'on sait l'usage qu'il fit de cette dictature, aussi exorbitante qu'inouie.

Chacun se demandait comment une commis-

sion législative, chargée simplement de PRÉPARER,
ce sont les termes du décret, les changements à
porter aux dispositions organiques, avait pu prendre sur elle de FAIRE une nouvelle constitution :
mais on eut bientôt la clef de cette énigme.

Vous vous rappelez sans doute cette scène du
Légataire universel, dans laquelle Crispin, prenant
la place de Géronte, que l'on croit mort, dicte le
testament de ce vieil avare, institue le neveu légataire universel, se lègue à lui-même une rente
viagère de quinze cents francs, et lègue à Lisette,
sa future, une somme de deux mille écus.

Une pareille comédie va se jouer.

Les deux Commissions législatives, prenant la
place du Corps législatif, que l'on suppose mort,
dictent le testament des deux Conseils, lèguent la
France à Napoléon, et se lèguent à eux-mêmes
les plus hautes fonctions de l'État, après avoir eu
la précaution d'y attacher des appointements con-
venables.

Voici comment on procède à cet escamotage : on
met dans la Constitution, que les citoyens Sieyès
et Roger-Ducos, consuls sortants, sont nommés
membres du Sénat ; qu'ils se réuniront avec Cam-

bacérès et Lebrun, consuls nommés par la Constitution, pour nommer la majorité du Sénat, et que le Sénat, à son tour, nommera les représentants du peuple et les tribuns.

La Constitution est promulguée le **22** frimaire; le 3 nivôse, onze jours après, il est procédé à la nomination du Sénat; le lendemain, à celles du Tribunat et du Corps législatif, bien que la liste nationale n'eût pas encore été dressée.

Chaque Commission se composait de vingt-cinq membres; ces cinquante individus ont élu deux consuls et deux sénateurs; ceux-ci à leur tour vont nommer sénateurs, aux appointements de vingt-cinq mille francs : Cabanis, Creuze-Latouche, Jaqueminot, Villetard, Chollet, Garat, Rousseau, Cornudet, Vimar, Depeyre, Perrin, Lenoir-Laroche, Lemercier, Vernier, Porcher, Herwin et Fargues; ils vont nommer tribuns, aux appointements de quinze mille francs : Chazal, Berenger, Daunou, Beauvais, Arnoud, Mathieu, Thiessé, Ludot, Thibault, Chabaut-Latour, Bara, Laloi, Sedillez, Laussat et Caillemer; et législateurs, aux appointements de dix mille francs : Gaudin, Girod-Pouzol, Frégeville et Perrin. Le premier consul fera entrer au Conseil d'État Regnier et Cretet, et il assurera une préfecture à Perès. Ainsi. sur les cinquante membres composant les Commissions, dix-neuf se réservent leur entrée au Sénat, quinze s'assurent le Tribunat, quatre le Corps législatif, deux se font nommer conseillers d'État à vie, un se fait donner une préfecture. deux sont intraitables, ils veulent le consulat.

Cette dernière exigence fit naître de graves difficultés; Sieyès et Roger-Ducos tenaient à leur poste et refusaient d'en déloger; Cambacérès et Lebrun ne voulaient pas démordre de leurs prétentions. Talleyrand Périgord et Forfait intervinrent. Celui-ci obtint le désistement de Roger-Ducos, moyennant son entrée au Sénat. Sieyès fut plus difficile; indépendamment de son entrée au Sénat, il exigea en sus l'abandon d'un domaine de l'État, à titre de récompense nationale.

La commission des Cinq-Cents lui accorda le domaine de Cosne.

Talleyrand reçut, pour prix de son intervention, le portefeuille des affaires étrangères, et Forfait, celui de la marine.

Napoléon connaissait tout le prix du temps, il

s'empressa de le mettre à profit; toutes les municipalités, toutes les administrations furent immédiatement changées et peuplées de personnes sûres. Il groupa autour de lui toutes les forces de l'État, mit la main sur les finances, sur les arsenaux, fit des promotions dans l'armée, garnit tous les postes, et après s'être ainsi retranché, il dit au peuple : « Chasse-moi de là, si tu l'oses! »

Il est vrai que la Constitution de l'an VIII devait être soumise à l'acceptation du peuple; qu'une résolution prescrivit d'ouvrir dans chaque commune des registres d'acceptation et de non-acceptation, et appela tous les citoyens à y consigner ou à y faire consigner leurs votes. Mais cet appel était-il sincère? le peuple était-il libre d'accepter ou de refuser? Il était libre de se faire écraser par la mitraille, comme à la journée du 13 vendémiaire. Il était libre comme l'était ce régiment à la vue de cet ordre du jour donné par son colonel : «Soldats, vous êtes entièrement libres, mais celui qui ne votera pas pour la Constitution aura affaire à moi; » il était libre, comme ce voyageur à qui un homme, armé jusqu'aux dents, laisse la liberté de lui donner sa bourse, en lui déclarant que, s'il la refuse, il va lui plonger un poignard dans la poitrine.

Je le demande à tout homme de bonne foi, si le peuple avait rejeté la Constitution, Napoléon aurait-il licencié son armée, abdiqué le consulat? Le Sénat, le Corps législatif, le Tribunat et le Conseil d'État, qui fonctionnaient depuis deux mois, lorsqu'on fit connaître le résultat du vote, se seraient-ils retirés? Que pouvait donc faire le peuple? Il ne pouvait qu'attendre tout des événements, et s'abstenir; et, en effet, il s'abstint. Et qu'on ne m'oppose pas les 3,021,008 suffrages qui se seraient prononcés pour l'acceptation, contre les 1,563 opposants qui repoussèrent la Constitution.

Je nie ce résultat, car il ne m'est attesté que par vous, Napoléon, par vous qui êtes convaincu de mensonge, de parjure et de trahison.

Oui, vous êtes convaincu de mensonge, car vous avez arraché de Paris le Corps législatif, sous le prétexte d'assurer son indépendance et sa liberté, et vous l'avez conduit aux fourches caudines. Vous prétendiez que sa liberté était menacée par des assassins, et vous l'avez entouré de baïonnettes, et vous n'avez fait le coup de main du 18 brumaire que pour renverser le Gouvernement et vous emparer du pouvoir. En voulez-vous la preuve? Un de vos complices, Boulay de la Meurthe, va me la fournir : « La révolution du 18 brumaire, dit-il, dans un discours destiné à servir de préambule à la Constitution du 22 frimaire, la révolution du 18 brumaire n'était que le commencement du plan concerté par ceux qui l'avaient entreprise. Son but n'était pas seulement de déplacer quelques hommes, d'ajourner le Corps législatif et de substituer trois consuls à cinq directeurs; mais de renverser franchement un gouvernement faible, inutile, proscrit depuis longtemps dans l'opinion publique. »

Vous êtes convaincu de parjure, car vous aviez juré solennellement fidélité à la souveraineté du peuple dans la séance du 19 brumaire, et vous avez scandaleusement violé vingt jours après cette souveraineté, en abolissant la représentation nationale, en dépouillant le peuple du droit de nommer ses représentants.

Vous êtes convaincu de parjure, car vous aviez juré fidélité à la république, et vous l'avez renversée; car vous aviez juré fidélité à la liberté, et vous avez étouffé toutes les libertés.

Vous êtes convaincu de trahison, car vous aviez protesté contre le projet qu'on vous prêtait de vous ériger en nouveau César, en nouveau Cromwell; car vous aviez promis d'abdiquer, aussitôt que les dangers seraient passés, les pouvoirs extraordinaires qu'on vous avait confiés pour le salut de la République, et vous vous êtes servi de ces pouvoirs pour perdre la République, et pour élever sur ses débris le despotisme le plus odieux qui jamais ait pesé sur un peuple.

Convaincu de mensonge, de parjure et de trahison, vous ne méritez aucune confiance ; et cependant le résultat du vote ne m'est attesté que par vous, car il n'a été soumis à aucun contrôle régulier, car vous avez fait faire le dépouillement par un simple secrétaire du ministère de l'intérieur, et vous lui aviez ordonné d'affaiblir tellement le nombre des opposants, qu'il n'eut aucune importance.

Je nie le résultat du vote, tel que vous l'avez publié, car il est démenti par l'évidence même. A qui persuaderez-vous, en effet, que la Constitution n'ait trouvé que 1,563 opposants, quand elle ruinait de fond en comble les espérances de tous les partis, des royalistes, des républicains modérés, des Jacobins; quand elle étouffait toutes les libertés publiques; quand elle confisquait au profit d'un seul tous les droits du peuple; quand vingt départements du Midi étaient en insurrection pour relever le trône; quand vingt jours avant la révélation du vote, trente-trois jours après l'ouverture des registres, quinze jours après qu'ils avaient été fermés, vous aviez été forcé de suspendre l'empire de la Constitution dans les départements des Côtes-du-Nord, d'Ille-et-Vilaine, du Morbihan et de la Loire-Inférieure; quand Georges Cadoudal, de Bourmont, Frotté, de Châtillon, de Prévalaye, avaient les armes à la main? Quoi! parmi tant d'ennemis armés contre vous, vous n'avez trouvé que 1,563 opposants à votre usurpation!

Admettant que le dépouillement soit exact, conforme à la vérité, ce qui est absolument faux, je nie qu'il soit l'expression de la volonté du peuple. Je le nie, parce qu'à cette époque la France, agrandie de divers départements, ne comptait pas seulement 3,022,569 citoyens en âge de voter, elle en comptait au moins huit millions, et que n'ayant pu obtenir que 3,021,008 voix, vous avez été repoussé par plus de cinq millions d'électeurs, qui n'ont pas voulu de vous, puisqu'ils vous ont refusé leurs suffrages, et par conséquent vous avez été repoussé par une immense majorité.

Je le nie, parce que vous aviez eu le soin, avant d'ouvrir les registres, de renouveler toutes les municipalités de la France, de ne confier le scrutin qu'à vos créatures, et que les maires, que vous aviez nommés, refusaient d'inscrire le vote des opposants; et ici j'en appelle au souvenir de tous ceux qui ont été repoussés.

Je le nie enfin, et j'en appelle encore, sur ce fait, à tous les contemporains, parce qu'on admit les femmes au vote, et que, pour grossir le nombre des adhérents, on alla recruter dans les écoles les enfants de tout âge et de tout sexe.

Voilà ce qu'a été pour Napoléon la souveraineté du peuple, un prétexte pour s'élever, un mensonge pour abuser la nation; une ennemie quand elle a cessé de lui être utile, et qu'elle a paru dangereuse.

Je ne veux pas entrer ici dans le détail des outrages qu'il lui a fait subir, je sortirais des limites que je me suis prescrites; mais l'histoire me

fournit un document authentique s'il en fût jamais,
qui contient le tableau succinct des douleurs de
cette souveraineté sous l'empire et sous le consulat, et je le transcris ici, offrant de prouver que
parmi les faits qui y sont consignés, il n'en est
aucun qui ne soit appuyé sur un décret.

« Le Sénat conservateur[1], considérant que, dans
une monarchie constitutionnelle, le monarque
n'existe qu'en vertu de la constitution ou du pacte
social;

« Que Napoléon Bonaparte, pendant quelque
temps d'un gouvernement ferme et prudent, avait
donné à la nation des sujets de compter, pour l'a-
venir, sur des actes de sagesse et de justice; mais
qu'ensuite il a déchiré le pacte qui l'unissait au
peuple français, notamment en levant des impôts,
en établissant des taxes, autrement qu'en vertu de
la loi, contre la teneur expresse du serment qu'il
avait prêté à son avénement au trône, conformé-
ment à l'article 53 de l'acte des constitutions du
28 floréal an XII;

« Qu'il a commis cet attentat aux droits du
peuple, lors même qu'il venait d'ajourner, sans

[1] 3-4 avril 1814.

nécessité, le Corps législatif, et de faire supprimer, comme criminel, un rapport de ce corps, auquel il contestait son titre et sa part à la représentation nationale ;

« Qu'il a entrepris une suite de guerres en violation de l'article 50 de l'acte des constitutions du 24 frimaire an VIII, qui veut que la déclaration de guerre soit proposée, discutée, décrétée et promulguée comme les lois;

« Qu'il a inconstitutionnellement rendu plusieurs décrets portant peine de mort, nommément les deux décrets du 5 mars dernier, tendant à faire considérer comme nationale, une guerre qui n'avait lieu que dans l'intérêt de son ambition démesurée :

« Qu'il a violé les lois constitutionnelles, par les décrets sur les prisons d'état ;

« Qu'il a anéanti la responsabilité des ministres, confondu tous les pouvoirs et détruit l'indépendance des corps judiciaires ;

« Considérant que la liberté de la presse, établie et consacrée comme l'un des droits de la nation, a été constamment soumise à la censure arbitraire de sa police, et qu'en même temps il s'est toujours servi de la presse pour remplir la France et l'Europe de faits controuvés, de maximes fausses, de doctrines favorables au despotisme, et d'outrages contre les gouvernements étrangers;

« Que des actes et rapports entendus par le Sénat ont subi des altérations dans la publication qui en a été faite ;

« Considérant qu'au lieu de régner dans la seule vue de l'intérêt, du bonheur et de la gloire du peuple français, aux termes de son serment, Napoléon a mis le comble aux malheurs de la patrie, par son refus de traiter à des conditions que l'intérêt national obligeait d'accepter, et qui ne compromettaient pas l'honneur français ;

« Par l'abus qu'il a fait de tous les moyens qu'on lui a confiés en hommes et argent ;

« Par l'abandon des blessés sans pansement, sans secours, sans subsistance ;

« Par différentes mesures dont les suites étaient la ruine des villes, la dépopulation des campagnes, la famine et les maladies contagieuses :

« Considérant que par toutes ces causes, le gouvernement impérial, établi par le Sénatus-consulte du 22 floréal an XII, a cessé d'exister, et que le vœu manifeste de tous les Français appelle un ordre de choses dont le premier résultat soit le rétablissement de la paix générale, et qui soit aussi l'époque d'une réconciliation solennelle entre tous les États de la grande famille européenne :

« Le Sénat déclare et décrète ce qui suit :

« Art. 1er. Napoléon Bonaparte est déchu du trône, et le droit d'hérédité, établi dans sa famille, est aboli. . . . .

. . . . »

Au surplus, que ceux qui voudront savoir ce que Napoléon a fait de la souveraineté du peuple, veuillent bien se rappeler le passé ; qu'ils se souviennent et des larmes des mères, et de la désolation des campagnes, et du désespoir du peuple. Ce fut un jour de joie vraiment nationale, que celui où la France fut délivrée de son oppresseur : ce fut un jour d'allégresse générale, que celui qui ramena au milieu de nous l'auguste famille de nos rois. Alors la liberté ne fut plus un vain mot, la jeunesse française ne fut plus de la chair à canon : les mères purent embrasser leurs enfants sans craindre de les voir ravir à leur tendresse, pour les conduire sur un champ de mort et de carnage.

On cessa de parler de la souveraineté du peuple, mais on s'occupa sérieusement de son bonheur et de sa prospérité, mais on consacra ses droits et on proclama ses libertés ; et, en échange d'un titre vide de sens et sans portée réelle, il eut le bien-être, la liberté, la gloire et la véritable grandeur, il cessa d'être un peuple souverain, mais il devint un peuple heureux.

VI.

RÉVOLUTION DE JUILLET 1830.

Le gouvernement de juillet avait besoin du prétexte de la souveraineté du peuple pour s'élever, pour l'opposer au principe séculaire de la légitimité, et il proclama la souveraineté du peuple, et il effaça le préambule de la Charte octroyée, comme injurieux à la nation et contraire à sa souveraineté. Mais il s'effraya bientôt de cette souveraineté, et, infidèle à ses prémisses, il se hâta de rompre avec elles.

Il appartenait à M. de Lamartine de stigmatiser, avec cette énergie qui lui est propre, cette scandaleuse usurpation. « J'arrive à votre gouvernement, dit-il aux révolutionnaires de 1830. Charles X, un roi vieilli dans le préjugé de son infaillibilité royale, se trompe : il signe quelques restrictions à la liberté, quelques ratures à la Charte. Le peuple de Paris fermente et combat ; la garde royale se retire dans son sang ; le roi revient sur sa faute, il nomme un ministère populaire ; il abdique ; il fait présenter au peuple son petit-fils innocent, son successeur naturel, son droit légitime et constitutionnel après lui. Vous vous rassemblez chez un parlementaire, ami d'une autre race, vous dites : *Il est trop tard.*

« Vous avez un fils, vous envoyez chercher un cousin du trône. Le feu continue ; la République se présente dans la personne de Lafayette ; vous la bercez de paroles et vous l'étouffez à l'Hôtel-de-Ville, en l'embrassant. Vous vous rassemblez ; combien ? Soixante-dix députés concertés d'avance, amis de la maison, rôles distribués. Vous chassez une dynastie de quatorze siècles ; vous proscrivez vieillesse, innocence, malheur, droit, Charte, hérédité, constitution, tout !

« Vous nommez un roi au scrutin, à moins de voix qu'il n'en faut pour un jury, pour condamner un délit de rixe dans la rue! Vous n'interrogez ni électeurs, ni peuple, ni capitale, ni nation, ni suffrage restreint, ni suffrage universel! Vous dites entre vous, *la nation, c'est nous;* et cette nation tient d'une antichambre du Palais-Royal! Voilà votre pavois! votre champ de mai! votre titre! votre droit! votre sainteté d'origine, à vous! Et vous osez parler de surprise, d'escamotage, d'origine subalterne et honteuse de la République! Ah! souvenez-vous donc d'hier! »

Jamais la souveraineté du peuple ne fut plus indignement outragée qu'en 1830. Napoléon sauva du moins les apparences, en faisant mettre dans la Constitution que le peuple serait consulté.

Les fondateurs du trône de juillet n'y regardent pas de si près. Ils invoquent le principe, et tout aussitôt ils s'en effraient, et tout aussitôt ils en ont peur, et les mêmes hommes qui l'ont posé, reculent épouvantés et l'étranglent avec un révoltant cynisme. Deux cent dix-neuf individus, sans caractère, sans mandat, ni du peuple, ni de la loi; malgré l'ordonnance royale qui dissout la Chambre des Députés, malgré la Charte qui réserve au roi le droit de prononcer cette dissolution quand il le juge nécessaire, persistent à se dire les députés de la France, s'érigent en Convention nationale, violent à la fois les droits du peuple et de la légitimité; brisent un trône auquel la nation doit plus de huit siècles de bonheur, de prospérité, de liberté, de progrès et de gloire, et en élèvent un autre, dont la France ne veut pas, et qui ne peut se soutenir qu'en démoralisant le peuple, en sacrifiant tout aux intérêts matériels, en étouffant toutes les libertés, en organisant un système de corruption électorale, le plus scandaleux dont l'histoire nous offre l'exemple, en versant le sang français à torrents, en doublant l'impôt, en sacrifiant l'honneur national aux exigences de l'Angleterre.

C'est en vain que les protestations les plus énergiques s'élèvent de toutes parts, que la presse de la capitale et des départements, que les voix les plus éloquentes, les cœurs les plus généreux réclament contre cette usurpation, revendiquent à grands cris les droits du peuple, en appellent au suffrage universel, aux assemblées primaires; on leur ferme la bouche par une loi qui, joignant l'ironie la plus insultante à la spoliation la plus inique, prononce des peines sévères contre quiconque se permettrait de révoquer en doute que le vœu national n'ait élevé le nouveau trône.

Il vint cependant un jour où la France put espérer qu'il lui serait permis d'élever la voix et de manifester sa volonté. Une réforme électorale avait été promise. Pour mettre cette réforme d'accord avec la souveraineté du peuple, sur laquelle le gouvernement de juillet se prétendait assis, il n'était d'autre moyen que le suffrage universel. Quand le moment de tenir cette promesse fut arrivé, la France respira; elle crut qu'elle allait être franchement et loyalement consultée sur ses intentions. Ce fut encore une déception. Ceux qui avaient fait la révolution ne voulurent pas que le peuple renversât l'édifice qu'ils avaient élevé, et les droits électoraux furent soumis à la condition d'un cens de 200 francs, parce que, disait un orateur, plus haut ou plus bas le gouvernement trouverait des ennemis.

Et voilà ce qu'on appelait la souveraineté du peuple! Était-elle autre chose que la souveraineté des deux cent mille électeurs censitaires auxquels on eut le soin de livrer tous les emplois publics pour les attacher, par les intérêts les plus vils, à la conservation d'un gouvernement intrus? Et voilà le gouvernement qui se disait l'élu de la nation ; il comptait pour ennemis quiconque ne payait pas 200 francs d'impôts, c'est-à-dire qu'à l'exception des deux cent mille électeurs, il avait contre lui les huit ou dix millions *de citoyens* français qui composaient le peuple.

VII.

RÉVOLUTION DE FÉVRIER 1848.

J'arrive à la révolution de février ; elle proclama à son tour la souveraineté du peuple, mais ce fut pour la détrôner le lendemain.

Avant d'entrer dans l'examen de cet escamotage, je dois mettre complétement hors de cause M. de Lamartine. Il n'est point douteux pour moi, et j'en ai pour garants la loyauté bien connue de son caractère, sa grandeur d'âme, ses antécédents et sa conduite ultérieure, qu'il n'a jamais été dans son esprit de porter atteinte à la souveraineté du peuple. Non, il n'est point capable de la violer, celui qui, pour sauver à la France ses droits, ses prérogatives, ses libertés, lutte pendant soixante-douze heures contre les menaces et les poignards d'une populace en fureur, et qui plus tard reconnaît solennellement au peuple, en pleine assemblée nationale, et comme conséquence de sa souveraineté, le droit de relever le trône. Je dis que cet homme n'a pu participer à l'escamotage de février, qu'il doit être blanchi de cet opprobre, et que s'il a consenti à signer le décret qui soumit la France au gouvernement républicain, il n'a pu le faire que sous la réserve des droits de la nation.

Le gouvernement provisoire montra moins de scrupule : après avoir formellement reconnu dans une proclamation affichée sur tous les murs de Paris, publiée dans le *Moniteur*, reproduite par tous les journaux, qu'il n'appartenait qu'à la France d'adopter la forme de gouvernement qui convenait le plus à ses intérêts et à ses sympathies, le gouvernement provisoire, donnant un démenti à cette déclaration, à l'engagement sacré qu'il avait pris de laisser au peuple toute l'initiative, osa prendre sur lui de lui imposer la République.

Une fois engagé dans la voie de l'usurpation, il ne crut pas qu'il lui fût possible de s'arrêter. Ne pouvant se résoudre au sacrifice de son œuvre, voulant cependant écarter de lui ce reproche d'usurpation, qui pendant dix-huit ans n'avait cessé de retentir aux oreilles de Louis-Philippe et de troubler son sommeil, il entreprit de prouver à la nation qu'il n'avait fait que devancer ses vœux en décrétant la république.

Mais voilà qu'aussitôt il se manifeste une répugnance générale contre cette forme de gouvernement. De toutes parts un cri de réprobation se fait entendre ; tout annonce des élections royalistes. Le ministère de l'intérieur expédie dans les départements ses trop fameux commissaires, auxquels il donne pour mission de révolutionner le pays. Plusieurs sont chassés, d'autres voient un désert se former autour d'eux ; ils font vainement appel aux personnes influentes ; elles s'éloignent. Les rapports sont alarmants, rien ne peut triompher de l'instinct de la France, ou, si l'on veut, de ses préventions.

Il ne reste qu'un moyen de sauver la république, c'est de ruiner la souveraineté du peuple en paralysant le suffrage universel ; et le Gouvernement provisoire ne recule pas. Pour donner à ses agents le temps de travailler les populations, il ajourne les élections. Puis il organise dans tous les chefs-lieux des clubs qui correspondront avec ceux des départements, et arrêteront, de concert avec les administrations locales, la liste des candidats, pour laquelle tous les républicains voteront avec un parfait ensemble.

Pour empêcher le peuple de manifester sa volonté et d'aller déposer son vote, il ordonne que les élections auront lieu au chef-lieu de canton, et il place le scrutin hors de la portée des électeurs. Pour mettre le peuple dans l'impossibilité de se concerter, il introduit le vote par scrutin de liste ; pour vaincre sa résistance, il groupe autour de l'urne électorale des légions de terroristes qui, par leurs violences et leurs excès, porteront la crainte et l'effroi dans l'âme de ceux qui refuseraient d'adopter la liste présentée par les clubs ; pour lui ôter toute pensée de donner ses suffrages aux candidats royalistes, Ledru-Rollin menace de lancer la populace de Paris contre les représentants, si les choix ne répondent pas aux vues du gouvernement, c'est-à-dire s'ils ne sont pas républicains.

Ces précautions ne rassurent pas encore le Gouvernement provisoire. L'intimidation qu'il a exercée sur les électeurs, il veut l'exercer sur les représentants. Il rassemble autour d'eux trois cent mille ouvriers des ateliers nationaux, il en compose une garde nationale menaçante, et il fait souscrire aux candidats qui se présentent pour la commander, l'engagement exprès de marcher contre l'Assemblée, non-seulement dans le cas où elle ne proclamerait pas la république, mais encore dans celui où ses tendances ne seraient pas complétement républicaines.

On ne veut pas que les représentants ignorent le sort qui les attend : ils sont instruits par la presse des intentions du Gouvernement, de la liberté que leur laissera la population de Paris. A peine réunis, on les tient sous la terreur des clubs ; les clubistes ont à la Chambre leur entrée de faveur, leur tribune particulière : pendant les délibérations dans les bureaux, les portes sont ouvertes afin que les émissaires des clubs puissent se mettre au courant de tout ce qui se passe. L'Assemblée tient sa première séance, et on la force d'aller acclamer la république sur le péristyle ; on ne lui

permet même pas de discuter la question. Cour-
tais, général de la garde nationale, l'avertit que le
peuple attend, et elle est forcée d'obéir, si elle ne
veut pas être égorgée. Telle est en définitive la liberté dont elle a joui, que parmi tant de représentants qui ont reçu pour mandat exprès de rétablir
la royauté, il n'en est aucun qui ne vote pour l'é-
tablissement de la république.

Voilà comment le Gouvernement provisoire a
compris la souveraineté du peuple et le suffrage
universel.

Veut-on savoir maintenant quelle est la part de
souveraineté que les républicains de l'Assemblée
constituante nous ont faite? Prenons la Constitution et la loi électorale, elles nous en donneront la
mesure.

La souveraineté du peuple n'a qu'un organe :
c'est la représentation nationale qui s'exerce par les
représentants du peuple. Trente-six millions d'individus, disséminés sur une surface territoriale de
cinq cent trente mille kilomètres, ne peuvent pas
se réunir dans une enceinte pour délibérer sur les
affaires publiques; ils n'ont d'autre moyen de manifester leurs vœux, de faire connaître leur volonté,

que de nommer des représentants qu'ils chargent d'agir en leur nom.

Mais pour que ces représentants puissent se dire réellement les représentants du peuple, pour qu'ils puissent l'engager et traiter en son nom, deux conditions sont nécessaires :

1° Il faut d'abord qu'ils soient élus par le peuple, c'est-à-dire par le suffrage universel. Le suffrage universel, c'est la loi de la majorité, c'est l'obligation pour la minorité de se soumettre à ce que le plus grand nombre décide. Il faut donc que cette majorité soit appelée à l'élection, qu'elle y prenne part, et qu'elle fasse elle-même ses choix.

Un système électoral est donc essentiellement vicieux, en opposition manifeste avec le suffrage universel et la souveraineté du peuple, un véritable contre-sens, s'il tend à écarter de l'urne électorale la majorité des électeurs, à donner l'avantage à la minorité sur la majorité, et à priver les électeurs de leur initiative.

Or, il écarte la majorité des électeurs, quand au lieu de mettre le scrutin à leur portée, il le transporte à une distance telle qu'ils ne puissent la franchir sans laisser leurs affaires en souffrance.

leur domicile à l'abandon, sans s'exposer à des fatigues au-dessus de leurs forces, ou à des dépenses au-dessus de leur fortune. Aussi l'expérience a-t-elle prouvé que dans les localités où s'ouvre le scrutin, le nombre des votants est de cinquante-sept pour cent, tandis que dans les communes où l'on est obligé de se déplacer pour aller au chef-lieu, la moyenne est tombée à vingt-neuf pour cent.

Un système électoral donne l'avantage à la minorité sur la majorité, quand au lieu d'exiger pour l'élection la majorité absolue (majorité requise pour toutes les élections), il se contente de la majorité relative; car il peut arriver que, dans un département de cent cinquante mille électeurs, il suffise de dix mille voix pour une élection, et que l'élu puisse se dire le représentant de ce département, malgré les cent quarante mille électeurs qui lui auront refusé leurs suffrages.

Un système électoral prive les électeurs de leur initiative, quand au lieu de diviser les départements en circonscriptions électorales, qui nommeraient chacune leur représentant particulier, il prescrit de voter par scrutin de liste.

Avec le premier mode, les électeurs choisiraient eux-mêmes leur candidat, iraient le chercher à la charrue, dans les ateliers, au barreau, dans la magistrature ou dans les académies : ils pourraient se concerter entre eux, discuter leur choix ; ils se rendraient en masse aux élections, parce qu'ils auraient intérêt au succès d'une candidature qu'ils auraient eux-mêmes proposée.

Avec le scrutin de liste, ils ne peuvent se concerter. Comment est-il possible, en effet, que des électeurs dispersés sur toute l'étendue d'un vaste département, sans rapport entre eux, puissent s'éclairer sur la capacité, sur le mérite et le patriotisme des candidats, et choisir huit ou dix sujets parmi la foule des ambitieux qui sollicitent leurs suffrages, et qu'ils ne connaissent pas ? Il ne leur reste d'autre ressource que de s'abandonner à l'influence des comités électoraux, qui, pour favoriser leurs candidats, sont le plus souvent forcés de se soumettre à de stupides transactions.

Si la Constituante avait voulu que le suffrage universel ne fût pas une pure illusion, elle aurait donc fait le contraire de ce qu'elle a fait ; au lieu d'adopter le vote par scrutin de liste, elle eût di-

visé les départements en circonscriptions électorales : au lieu du vote au chef-lieu de canton, elle
eût admis le vote à la commune; au lieu de la
majorité relative, elle eût exigé la majorité absolue.

2° Pour que les représentants puissent traiter
au nom du peuple, pour qu'ils puissent l'engager, il faut que le peuple leur ait donné un
mandat exprès. Les représentants ne disposent
pas de leur fortune, de leur liberté; ils disposent de la fortune et de la liberté du peuple;
ils font l'affaire du peuple; il est donc nécessaire que le peuple s'explique sur la nature
et l'étendue du mandat qu'il leur donne, qu'il
leur fasse connaître les engagements qu'il veut
prendre, les droits qu'il veut aliéner, les libertés
qu'il veut restreindre, celles qu'il prétend conserver intactes; qu'il dise, en un mot, ce qu'il
veut et ce qu'il ne veut pas. Nos anciens rois ne
l'entendirent jamais autrement. Toutes les fois
qu'ils convoquèrent les États-Généraux, ils eurent
le soin d'inviter les électeurs à se concerter entre
eux pour rédiger leurs cahiers *de plaintes et de
doléances*. La Constituante n'a pas voulu qu'il en

fût ainsi, et pour marquer au peuple en quel respect elle tenait sa souveraineté, elle a interdit aux
représentants d'accepter aucun mandat impératif.

Je veux, ce qu'il serait absurde de soutenir,
qu'un pareil mandat soit contraire aux institutions
républicaines et à la dignité du représentant, tout
au moins faudrait-il que le peuple fût appelé à
s'expliquer sur la manière dont le représentant a
rempli sa mission, à déclarer si ses intentions ont
été méconnues ou respectées, si on a réellement
fait ce qu'il voulait qu'on fît. Tout au moins aurait-il fallu que la Constitution, qui réglait nos
destinées, fût soumise à l'acceptation du peuple.
Et non-seulement il n'en a pas été ainsi, mais,
pour se survivre à elle-même dans son œuvre,
l'Assemblée constituante a défendu de faire disparaître, de quatre ans, les dispositions de cette
Constitution qui paraîtraient vicieuses, de telle
sorte qu'après avoir condamné, par l'élection
d'une autre assemblée, celle qui lui a fait cette
Constitution, le peuple se trouve lié par l'acte
même qui a motivé la condamnation de cette assemblée, qu'il est forcé de s'y soumettre et de
l'exécuter.

Je ne veux pas entrer ici dans le détail des droits divers que la souveraineté confère et que les républicains de la Constituante ont refusé de reconnaître au peuple. Je prie seulement le peuple de faire un rapprochement ; il a vu aux prises les royalistes et les républicains, qu'il dise de quel côté se sont trouvés ses amis ! Si quelqu'un l'a dépouillé de ses droits, qu'il dise si ce sont les royalistes ou les apôtres de sa souveraineté ! Si quelqu'un les a défendus avec courage et énergie, qu'il dise si ce ne furent les royalistes ! Qui demanda que l'élection des juges de paix remplaçât la nomination ministérielle ; que le vote, pour l'élection des représentants, eût lieu par circonscriptions électorales et non par scrutin de liste ; qu'il eût lieu à la commune et non au chef-lieu de canton ; que le président de la République fût nommé par le peuple et non par l'Assemblée ; que la Constitution fût soumise à l'acceptation de la France, au lieu de lui être imposée ? Qui soutint et présenta les propositions les plus libérales ? Les royalistes et toujours les royalistes. D'où est venue l'opposition ? Toujours des démocrates.

VIII.

RÉSUMÉ ET CONCLUSION.

J'ai voulu raconter l'histoire de la souveraineté du peuple; j'ai cru qu'il en résulterait d'utiles enseignements pour les populations que de funestes doctrines ont égarées.

J'aurais voulu, dans ce récit, écrire une épopée; pourquoi n'ai-je pu raconter qu'un drame? J'aurais voulu dire ce que la souveraineté du peuple a fait; je n'ai pu parler que de ce qu'elle a souffert. J'aurais voulu en faire une héroïne; je n'ai pu en faire qu'une victime.

Proclamée tour à tour par les gouvernements qui se sont succédé, la souveraineté du peuple n'a jamais été qu'un piédestal ou un mot vide de sens. La première Assemblée nationale en fait un principe fondamental, et elle la viole aussitôt en violant les cahiers, c'est-à-dire en violant le mandat que le peuple lui a donné. La Convention vient en sous-œuvre; au nom de la souveraineté du peuple elle renverse la royauté, établit la république, intronise la souveraineté de l'audace, lui substitue la souveraineté de la terreur, et ne reconnaît au peuple d'autre droit que celui de se faire égorger sur l'échafaud, ou d'aller périr sur un champ de bataille. Le Directoire exécutif conteste au peuple le droit de nommer ses représentants; Napoléon abolit la représentation nationale et lient la nation, qu'il persiste à déclarer souveraine, sous le despotisme le plus dur et le plus humiliant; la Révolution de juillet 1830 circonscrit le peuple dans deux cent mille électeurs censitaires; celle de février 1848, tout en proclamant le suffrage universel, trouve moyen de rendre ce suffrage illusoire et d'imposer au peuple une forme de gouvernement pour laquelle il n'avait manifesté aucune sympathie et que de douloureux souvenirs lui auraient peut-être fait repousser.

Telles sont, en effet, les pages de l'histoire de la souveraineté du peuple qu'on pourrait même douter qu'elle eût jamais existé ; tels sont les droits qu'elle confère au peuple, qu'elle est à peu près réduite à l'état d'utopie ou de lettre morte.

Qui la vivifiera ?

Certainement ce ne seront pas les socialistes, vaincus tant d fois aux élections, repoussés de toutes parts, condamnés par la nation, à laquelle ils n'ont pu inspirer encore que de l'horreur. Ils ont détrôné la souveraineté du peuple, pour mettre à sa place. non pas la souveraineté du *fait*, comme Louis-Philippe, mais la souveraineté du *but*. Ce qu'ils veulent, ce n'est pas un gouvernement tel que le peuple le veut, tel qu'il le demande; c'est le gouvernement d'eux-mêmes, c'est la dictature de leurs chefs au sommet de l'édifice et la dictature de leur tourbe impure à la base; c'est l'échafaud en permanence, pour avoir raison des riches et des amis de l'ordre; c'est la spoliation de tous; c'est un communisme dans lequel ils laisseront au peuple la misère et le désespoir, pour s'engraisser eux-mêmes de ses dépouilles, de ses fatigues, de ses travaux. de ses sueurs.

Pour arriver à leurs fins, rien ne leur coûtera : ils organiseront une armée d'incendiaires, et lui donneront ce mot d'ordre, que donnait un général républicain à l'armée de sans-culottes qu'il conduisait contre l'héroïque Vendée. « Mes camarades, nous entrons dans un pays insurgé, je vous donne l'ordre de livrer aux flammes tout ce qui sera susceptible d'être brûlé, et de passer au fil de la baïonnette tout ce que vous rencontrerez d'habitants sur votre passage. » Dignes émules de Robespierre, de Malarmée, de Joseph Lebon, qu'ils veulent déifier, ils s'écrieront comme eux : « La majorité du peuple est mauvaise, il faut l'égorger. **La France aura assez de cinq millions d'habitans.** Ceux qui ont vu l'ancien ordre de choses le regretteraient, qu'ils périssent ; que la guillotine soit en permanence dans toute la république. »

La souveraineté du peuple sera-t-elle vivifiée par le parti napoléonien ? Ne parle-t-il pas déjà de nous ramener à la constitution de l'an VIII, de substituer à l'Assemblée nationale, élue par le peuple, une assemblée issue des conseils généraux des départements, lesquels seraient élus par le suffrage universel à deux degrés ; c'est-à-dire de livrer au gouvernement la représentation nationale en lui donnant le moyen d'organiser un système de corruption, qui laisserait bien loin de lui celui qu'avait introduit Louis-Philippe? car il ne s'agirait plus d'acheter la conscience de cent mille électeurs, mais de gagner à force d'argent, de promesses ou de fonctions publiques, quelques centaines de membres de conseils généraux des départements.

Leur plan ne tendrait à rien moins qu'à priver l'Assemblée de toute initiative, de tout contrôle; elle serait essentiellement consultative. S'il s'élevait quelque conflit entre elle et le pouvoir exécutif, ce conflit serait vidé par un sénat, nommé à vie par le pouvoir exécutif, sur une liste que lui présenteraient les conseils généraux. Telle est la part que ces messieurs réserveraient à la souveraineté du peuple. Le pouvoir ferait la loi, la représentation serait consultée, mais le gouvernement ne serait pas plus tenu de déférer à ses avis, que ne l'est aujourd'hui l'Assemblée nationale de déférer à ceux du conseil d'État.

La souveraineté du peuple sera-t-elle vivifiée par le parti légitimiste? La royauté n'a jamais prétendu asseoir ses droits sur cette base, elle leur a donné une origine plus auguste et moins contestable. Mais si elle n'a pas reconnu le principe de la souveraineté populaire, elle a fait tout ce qui dépendait d'elle pour assurer le bonheur du peuple.

Je disais en commençant, que, si le peuple voulait faire son bilan, il verrait ce que lui a rapporté sa souveraineté, en compensation des misères et des malheurs de toute nature qu'elle lui a coûtés. Je l'engagerai maintenant à faire la contre-épreuve, et à récapituler aussi ce que le trône lui a valu.

Il était un nom odieux entre tous les noms, un peuple réputé barbare parmi les peuples les plus barbares. En langue germaine le nom de *franc* signifiait *brigand*, et ceux qui le portaient inspiraient l'effroi, jetaient l'épouvante dans toutes les nations. Sous l'ombre bienfaisante et civilisatrice du trône le plus glorieux de la terre, ce nom est devenu le symbole de la loyauté, du génie, de la grandeur d'âme, de la civilisation, et le peuple qui le porte est réputé le peuple le plus magnanime et le plus poli de l'univers, et le titre de Français est envié par tous les cœurs nobles et généreux, et il fait vibrer dans toutes les contrées du monde des sentiments de sympathie et d'amour pour celui qui a la gloire d'en être revêtu. Et naguère encore le roi de France était appelé par toutes les nations rivales, même par l'orgueilleuse Angleterre, le roi des rois. Tous les historiens anciens sont d'accord sur ce fait.

Ce n'est pas tout. Il y a huit siècles, ce peuple gémissait dans l'anarchie; il courbait la tête sous un dur servage; la féodalité pesait sur lui de tout le poids d'un horrible despotisme, d'une barbare tyrannie. Ses rois, par l'affranchissement des communes, par l'établissement des États-Généraux, par la réhabilitation du tiers-état, par l'abolition de la féodalité, par huit siècles d'efforts incessants, de luttes, de combats et de succès qui tiennent du prodige, sont parvenus à le rendre le peuple le plus libre, et à faire passer dans ses mœurs le principe de l'égalité entre tous.

Faut-il le dire, l'œuvre admirable de nos rois s'écroule; on a proclamé le principe de la souveraineté du peuple, et aussitôt la barbarie, sous la figure hideuse du socialisme, a menacé de nous replonger dans les ténèbres des anciens temps, et notre nom est devenu un nom d'effroi et d'épouvante pour tous les peuples ; l'esclavage s'est appesanti sur les populations ouvrières, et tous les jours leurs fers sont rivés, et tous les jours leurs chaînes s'appesantissent.

Et maintenant, que le peuple choisisse, si jamais on lui fait sérieusement l'honneur de le consulter, entre une souveraineté qui ne lui confère aucun droit, qu'il ne peut pas même exercer sans se soumettre à la dictature d'un président de bureau électoral, et un principe qui de l'esclavage l'a conduit à la liberté, de la misère au bien-être matériel, de la barbarie à la civilisation.

FIN.

9 782329 775876